做孩子迷茫时最明亮的灯塔。

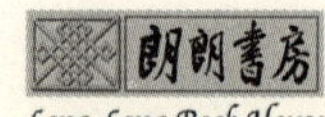


Long-Long Book House

北京朗朗书房出版顾问有限公司
荣誉出品

亲子教育彩虹书

# 没有孩子不好教

## 多元式家庭教育80招

林文敬◎著

中国人民大学出版社
·北京·

## 作者序

# 你想要什么样的孩子？

您想要培养出什么样的孩子？健康活泼的？天资聪颖的？人际关系良好的？刻苦耐劳的？积极向上的？十对父母可能有十种答案，或者最好每个都想要。

在功利社会中，许多父母都只注重孩子的功课学习、才艺表现，并且肤浅地关注表面上的成绩高低，而忘了探究事物的本质。例如大部分的父母只注意孩子的分数，却忘了与孩子坐下来仔细讨论，或给予适时的鼓励。

目前市场上的许多亲子教育书籍都聚焦在教导父母“如何培养出天才儿童”、“高智商儿童养成术”、“如何赢在起跑点”等，而许多父母也偏爱赶流行，希望借着书上的教育方式把孩子教育成天才，以后能够功成名就、光宗耀祖。其实，如此的偏见应该不是这些书的本意，每位父母都应先从了解孩子个别的差异性做起，例如有些较擅长静态表现，有些则擅长动态表现。每个孩子皆有不同的个性发展，父母应了解孩子真正的需求，依据适性适才而教才是最恰当的方式。

当你冷静下来时，是否觉得忽略了一些对孩子未来发展更重要的、具有决定性影响的项目，例如慷慨大方、富有同情心、善解人意等，这些通称“亲社会行为”(prosocial behavior)。因为一个人的成就绝对不只因为他的聪明，而需结合更多的因素，包括人际关系、抗压程度、身心平衡等，至于如何在孩子年幼时就培养上述这些条件，则是本书欲阐述的重点。此外，孩子在人生旅途上不可能一帆风顺，适时让孩子接受挫折，有助于培养更坚强的能力，再者，也有助于培养孩子敏锐的观察力，这些其实都是可以靠父母耐心的教育来达成的。

本书的目的即是弥补现今社会父母缺乏或疏于照顾到的项目，包含人文关怀、自然观察、责任心、团体生活、抗压力、创造力、专注力、身心发展等领域，进行一连串的学习与训练，并借由活动的实施，提供亲子间最适合的互动方式。

一直以来，言教就莫过于身教，所以，亲子一起参与活动是最佳的学习方式。孩子借由父母的带领可以更快融入活动，父母则借由与孩子的接触，可以更加了解孩子的倾向与需求。

尤其是，随着社会愈趋功利，这些美德的培养也相形重要，教育我们的下一代成为充满人道精神的、积极奋发的高情商(EQ)与高智商(IQ)的结合体，是每个父母的时代责任。本书将尽量以简化明了的方式叙述许多理论，并将之结合与运用于家庭教育上，以使家长都能受益无穷。

此外，本书特于最后两个章节探讨了家庭与学校的整合及家庭联谊计划，在此，笔者提供了在美国留学时研究此相关领域的拙见，亦将实用的家庭联谊计划构想披露于书中，以供家长及学校教育者参考。

本书得以付梓印行，要感谢内人郭佩芬的协助与鼓励，愿将此书荣耀与之分享。

林文敬 谨识

# 目录

## 第三章 健全身心发展



## 第四章 人文关怀养成



## 第五章 培养责任心

## 第十一章 教育新观点:家庭教育与学校教育的整合



## 第十二章 家庭教育新纪元:家庭与家庭的联结

附录

## 评估测试

# 第一章

# 成长的喜悦

有心教育孩子的父母，都希望孩子在成长的过程中一路平安，更进一步则希望自己的孩子比别人优秀。至于“优秀”的定义，普遍认为就是聪明、活泼、天赋异禀、高人一等，甚至希望孩子未来的人生能蒸蒸日上，在事业、婚姻及人际关系上一切顺心如意。

## 教育孩子第一步——了解孩子个别特质

当孩子还在襁褓阶段时，很多父母就已积极寻求各种渠道来训练孩子、教育孩子。只是有些求好心切的父母，由于错误的观念而走错了方向，以为追赶最流行的教育方式就是对孩子最好的，殊不知孩子的个别差异才是决定教育孩子的内容走向的关键，结果反而造就出无数娇生惯养、目无尊长、桀骜不驯的坏榜样。

其实每个孩子都有不同的天赋，例如有些孩子在小时候就显现出领导能力，对于语言颇有天分，较能专注于一件事情，或对于周围环境变化的感受力特别强。父母可以经由细微处去发掘孩子的这些优点，而非忽略其发展或强压其接受某项不属于孩子可以发挥的特质，因此，了解孩子的个别特质，是为人父母的首要之务。

近年来，科学家、心理学家、教育学家发展出多方面的理论，让我们更了解人类的脑部、心理发展，诸如左右脑的训练、智商（IQ）与情商（EQ）的发展及多元智慧理论等。那么父母应如何在家庭教育上应用这些原理呢？本章将引领您轻松完成。

## 弹性调整的亲子互动架构

具体来说，亲子关系就像放风筝，开始时，父母要尽全力拉、放、跑、跳，让风筝飞起来，而当风筝飞高时，则只需时时控制其紧张度以防风力不足而落下，也需避免太高太远而断线。不过，每只风筝都有不同的形体、不同的操控性，也需因时、因地、因风向而取舍其最适当的距离。就像每个孩子都是独立的个体，父母应以最客观的角度、最宏观的视野以及最弹性的教育方针来养育孩子。

因此，亲子应是在持续不断的互动中一起成长，通过赏罚、需求、游戏、沟通、养育五个环节维系两者的关系，同时随着孩子年纪的增长而有个别的消长，并适时调整父母的责任与对待孩子的方式。例如当孩子年纪小时，亲子的互动架构以养育、游戏居多，而赏罚、需求、沟通次之；到了青少年时期，则反而以赏罚、需求、沟通居多。至于父母角色的扮演，也应依据与孩子的互动关系作适当的修正，譬如发觉孩子需求太多时，就应以沟通或赏罚加以平衡；而如果发现养育的过程上有某些缺憾时，则可以增强游戏与需求的项目。

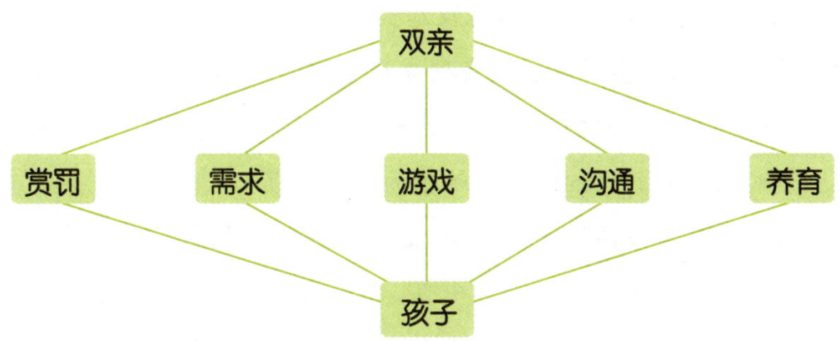


父母教育孩子应从赏罚、需求、游戏、沟通、养育五个环节着手

## 拟定计划、适时放手的教育模式

教育如同灌水泥浆的过程，事前应拟定计划，准备各种工具、模架等围成想要的形状，如此水泥便会顺着该有的形状成形。不过，万一中途反悔想要改变形状，便会难上加难，而一旦完全凝固后就更无力回天了。相对地，如果已妥善准备好水泥路线，便不怕中途溢出，待逐渐凝固就愈形坚若磐石、风雨不侵。所以，父母有计划地栽培子女，使孩子走上正确的轨道，最终必可享受到甜美的果实。

然而，我们都听过一句话："太松会飞走，太紧会窒息而死。"当鸟儿在我们的手中时，抓它太紧会窒息而死，太松则会飞走，教育的原理也正是如此。但是多数的父母对孩子保护过度，最后导致孩子连谋生的能力都没有，这样的情形父母实应负绝大部分的责任。

心理学家艾里克森(Erik H. Erikson, 1902—1994)建议，应在

安全的情形下，让幼儿自动自发地完成照顾自己的事，如吃饭、喝水、洗澡等，这样孩子就会慢慢独立自主；相反地，若对孩子过分溺爱或处处限制，以处罚或强压的方式教育孩子，则会对人格造成不良影响，对儿童日后的心智发展极为不利。所以，如果希望孩子能有所作为，并且发挥最大的潜能，父母应该学习在最适当的时机放手，因为父母的角色只是提供知识、指引方向，无权决定孩子的一切，父母只需适时提出必要的关心，让孩子安心而为，如此，孩子便能充分发挥创造力、想象力与理解力，久而久之，孩子就会大大地与众不同。

## 为个别差异定调的左右脑理论

自从美国神经生物学家罗杰・斯佩里（Roger Sperry）提出左右脑理论后，就等于建构了个人与个人之间差异的另一种基本原则。但是人脑可以说是全世界最复杂的生命体，因此类似的研究仍在不断地推陈出新中。

当然，没有任何人完全只有左脑或右脑的全然特性，有些人左脑特性较强烈，有些人为右脑，也有些人则无明显差别。通常左脑是掌控推理、时间、空间等因素，右脑则掌控直觉、情感等因素。在得知孩子属于哪一种类型后，便可以针对他的属性加以诱导与训练。

**左脑 VS. 右脑掌管的功能**

| | 左脑 | 右脑 |
|---|---|---|
| 特　色 | 线性、逻辑、数学、语言、历史、比较、分析、技术、科学、推理 | 整合力、直觉、想象力、创造力、人文、艺术、空间、色彩、图像、音律 |
| 天　分 | 垂直思考、逻辑思考、次序性、局部性 | 水平思考、直觉思考、无序性、全面性 |
| 适合职业 | 计算机工程师、医生、律师、会计师、天文学家、保险人员、记者 | 文学家、音乐家、作家、演员、画家、设计师、园艺造型师 |

## 如何训练左脑特性强的孩子

这样的孩子较喜欢自己独立完成某件事，而不喜欢与其他同伴一起，因此家长可以准备一些关于科学或数理方面的书籍，让孩子静静地阅读。借由训练思辨能力，通过对于某件主题的讨论、沟通、分析，就能将孩子的潜能激发出来，同时也可以设定一些问题，让孩子独立思考及回答。此外，家长也可以教导孩子记下重点，或引导孩子发现问题，这种类型的孩子都会乐在其中。

## 如何训练右脑特性强的孩子

此类孩子较喜欢团体活动，如果孩子们在一起边游戏边学习，这些孩子会发挥极大的影响力，例如集体创作或团体合唱等。家长可以试着带领孩子完成一幅画、制作一件手工艺品，但别忘了给孩子许多颜色的画笔、涂料，或者黏土素材等，孩子会运用手边的器具将作品做最完美的呈现。而父母在教导这样的孩子时，也可以增加一些辅助材料，例如音乐、多媒体或生动的图案等。

传统上，父母都希望子女未来能当律师、医生或工程师，而不是诗人或画家。这种外在环境与传统观念的影响，无意中让左脑过度地使用，却忽略了右脑能力的开发，也使得右脑的功能逐渐丧失。结果人们就不再有创造力，不再有幽默感，世界也不再有伟大的艺术家产生，这对社会的损失是何等大啊！

因此，本书特别于附录部分的《测试一》提供左右脑各项指标，父母可以根据孩子的性格倾向填制表格，来得知孩子倾向左脑还是右脑，以作为教育孩子的参考。最后仍要再三强调，舍弃强压式教育的错误观念，适才适性地带领孩子发挥潜能，才是教育孩子的上上策！

## IQ与EQ同等重要

有一部电影讲述一位智商很高的年轻人，能轻易解出连大学教授都认为很困难的题目，但他却不知自己的方向是什么，自视甚高而傲慢无礼，后来经一位教授的耐心开导，终于寻获自己的方向。

在现实生活中，有些孩子因为自己功课好而瞧不起功课差的同学，他们常常以不耐烦、无礼貌、轻蔑的态度对待他人，甚至出言讥笑所谓的"笨"同学。这些孩子其实并不知道自己的行为不妥当，学校老师也可能基于其是成绩优秀的学生而有偏袒的心态，进而模糊了公正的标准。在这样环境中成长的孩子会逐渐有恃无恐，更加胆大妄为，若任其发展而无人从旁提出关心或指导，其后果恐怕比那些成绩差但行为无偏差的学生要严重许多。

这类聪明的孩子通常自尊心强，不懂得关怀他人，只以自我为中心，如果遇到比自己优秀的其他孩子，很容易就陷入比较与愤怒的迷思当中。这类孩子虽有高智商(IQ)，却只有低情商(EQ)，因为根据情商理论创始者美国心理教育学家戈尔曼博士(Goleman)的说法，情商对个人内在来说，就是管理自己的能力、启发自己的能力、自我认知的能力及自信能力；对个人外在来说，则是处理人际关系的能力及对事物的关怀能力。

所以，IQ 与 EQ 对于一个健全的人格来说，就像上下排牙齿的关系，唯有两者相互合作无间，才能咀嚼出食物芳香的味道。因此，不只是高 IQ 的孩子需要进行 EQ 教育，所有的孩子都需要进行 EQ 教育。不过，在谈论 EQ 教育之前，我们先来了解学业智能(Academic Intelligence, AI)与情绪智能(Emotional Intelligence, EI)的关系。

**情绪智能(EI)与学业智能(AI)的直接相对关系**

| EI / AI | 觉察力 | 自我了解与肯定 | 抗压与宽容度 | 道德与责任 |
|---|---|---|---|---|
| 数理能力 | ↑↑ | ↑→ | ↑→ | ↑↓ |
| 口语表达 | ↑↑ | ↑→ | ↑↓ | ↑→ |
| 书写阅读 | ↑↑ | ↑→ | ↑↓ | ↑↓ |
| 一般常识 | ↑↑ | ↑→ | ↑↓ | ↑→ |

注：↑↑代表直接关系，↑→代表间接关系，↑↓代表无关系。

上述的图表，显示了学业智能与情绪智能中的各个项目的关系。

1. 觉察力:与 AI 中各个项目都有直接关系。觉察力强的学生,其数理能力、口语表达、书写阅读及一般常识都相对增强,也能相对应用。

2. 自我了解与肯定:这一项与 AI 中的各个项目有间接关系。了解自己、肯定自己的学生,相对也容易对自己有信心,如此则可间接改进或弥补 AI 方面的不足。

3. 抗压与宽容度:在与 AI 各个项目的比较上,无明显直接关系。

4. 道德与责任:由于与亲子教导牵涉较深,在架构上只与口语表达以及一般常识有间接关系。

## 情绪智能对学业智能的延伸影响

小明在班上是个善解人意的孩子,同学有需要帮忙时,他总是能够当仁不让挺身而出,也能够常常与其他同学分享他带来的糖果及饼干。在一次班级干部选举中,全班同学一致推举他当班长,而原本功课只能算中等的他,在当上班长之后竟能突飞猛进挤入前 10 名,让老师觉得不可思议。几经观察之后,才发觉原来他上课更加认真了,作业也能写得很整齐。

这是因为情绪智能高的孩子,会具备责任心与自制力,当他人赋予工作时,自己就会认真地对待。若将情绪智能作更广的延伸,则可以影响到学业智能,但影响的时间和程度将视孩子的个别差异而定。

**情绪智能(EI)与学业智能(AI)的延伸相对关系**

| AI \ EI | 觉察力 | 自我了解与肯定 | 抗压与宽容度 | 道德与责任 |
|---|---|---|---|---|
| 数理能力 | ↑↑ | ↑↑ | ↑↑ | ↑→ |
| 口语表达 | ↑↑ | ↑↑ | ↑→ | ↑→ |
| 书写阅读 | ↑↑ | ↑↑ | ↑↑ | ↑→ |
| 一般常识 | ↑↑ | ↑↑ | ↑→ | ↑→ |

**注:↑↑代表直接关系,↑→代表间接关系,↑↓代表无关系。**

如果一个孩子的EQ经过更多的训练,将可以让IQ发挥得更好。如上表所示,“自我了解与肯定”是如何增强学业智能的呢?试想,一个孩子了解了自己的不足之处之后,他就会针对自己的弱点着手进行弥补,并以积极的态度来面对问题,而且也懂得寻求帮助。再以“抗压与宽容度”为例,有抗压能力的孩子能够容忍不同课业压力,不会半途而废。而从“道德与责任”项目则可看出,为了帮助其他同学解决问题,其也会愿意提升自己,因此间接提高了学业智能。

**家庭中EI搭配AI进行的教育**

| | AI | AI + EI |
|---|---|---|
| 数理能力 | 数理运算 | 搭配不同例子的说明,进行由浅入深的分析。 |
| 口语表达 | 训练口语,反复练习 | 除反复练习之外,进行讨论、分享,针对个人特质设计不同内容。 |
| 书写阅读 | 阅读与书写 | 事前做笔记、浏览,再依个人的感受进行讨论与写作。 |
| 一般常识 | 课堂、书本阅读获得 | 借由参与活动、亲子讨论、涉猎媒体等方式获得。 |

**高情商与低情商的比较**

| 高情商 | 低情商 |
|---|---|
| 1. 考虑周详，心思缜密。 | 1. 粗心大意，容易冲动。 |
| 2. 善解人意，体贴入微。 | 2. 自我意识强，无同情心。 |
| 3. 设身处地，善于沟通。 | 3. 自立门户，不愿沟通。 |
| 4. 有礼貌，懂得说“请、谢谢、对不起”。 | 4. 常以命令语气对待他人。 |
| 5. 乐观开朗，积极向上。 | 5. 悲观易怒，消极沉寂。 |
| 6. 认真负责，勇于承担。 | 6. 推卸责任，迁怒他人。 |
| 7. 善于倾听他人意见。 | 7. 不愿意倾听他人意见。 |
| 8. 较容易满足。 | 8. 不易满足。 |
| 9. 以不同角度看待事物。 | 9. 只以主观角度看待事物。 |
| 10. 处理事情有变通。 | 10. 处理事情死板无弹性。 |
| 11. 乐于与他人分享事物与经验。 | 11. 不与他人分享事物与经验。 |

## 除了 IQ 与 EQ，还有什么？

有位妈妈告诉我，她的儿子在学校成绩总是名列前茅，对人也彬彬有礼，广受班上同学爱戴，应是位 IQ 与 EQ 兼备的、不可多得的好孩子。但是其在家中的表现却让她觉得判若两人，不仅房间简直是一座小型垃圾场，而且在生活上常会忘东忘西，必须时常提醒才会注意，让父母很担心其将来要如何照顾自己？的确，在我们周围一定遇到过这种类型的人，虽是考试与协调高手，却是个生活白痴。因此，近来有人提出更多元的商数（Quotient）培养，以求人格更加完备。

1. 管理商数 MQ（Management Quotient）：对自我管理的智慧，也包含自我组织的智能、对事情有条不紊的处理原则及完整的规划能力等。

2. 创造力商数 CQ(Creativity Quotient):创造能力,并具有随机应变的警觉。

3. 领导商数 LQ(Leadership Quotient):具有领导的智慧,及群众的魅力。

4. 逆商指数 AQ(Adversity Quotient):含抗压及挫折忍受力。

这些智慧有时与个人学业成就或聪明才智无关。一个人最终的成就绝非一蹴而就的,而是需要对身心进行各种长久的磨炼,就如同一位武士过关斩将,关关精彩。所以,父母必须知晓,不可能带领孩子完成生命中所有的淬炼,唯有重新定位要教给孩子哪些技能,并不偏不倚地继续走下去,才可能开花结果。

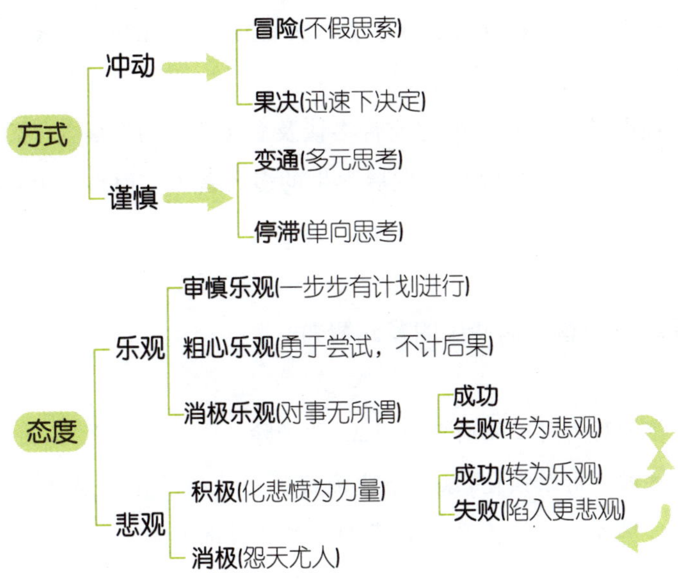


孩子处理问题反应之类型

## 多元智力的新思维

越来越多的研究显示，“智力”一词不单指学业上之能力的狭隘观念。据美国教育心理学家迦纳(Gardner)观察研究指出，人类依程度不同会有八种智力，包括语文、数理、空间、音乐、体能、人际、自知和自然观察，后来又提出存在、道德、神灵等智力的可能性。这与传统的观念很不同，因为大部分的人以为所谓的“智力”只到上述前三种，一般学校教育也以语文、数理、空间等为主要教学内容，音乐、体能只是点缀其中。而关于人际、自知两项的训练更是寥寥可数，幸运者经由良师指导可发展成健全人格；相反地，若孩子无适当的教育与学习环境发展此两项，且无师法对象，恐将造成人格上的缺憾。

在市场上的书籍中，已有许多谈及多元智力的发展与学习，不过多倾向于训练教师如何发展学生的多元智力。而事实上，家长在家中也同样可以发展孩子的多元智力。

### 孩子在家中有可能使用的多元智力

多元智力可以靠培养而养成，孩子除了学校教育之外，另外还有家庭教育可以强化，家长不应浪费此一让孩子养成健全人格的机会。例如以下的各项活动，都是可以在日常生活中开展的。

**家庭中 EI 搭配 AI 进行的教育**

| 智力 | 养成活动 |
| --- | --- |
| 语文智力 | 1.讲故事。<br>2.演讲。<br>3.读诗。<br>4.写日记。<br>5.自制小册子。<br>6.自做网页。 |
| 数理智力 | 1.能够假设一些问题。<br>2.解出谜题或数字。<br>3.重新整理或分类数字。<br>4.自制各种图表，如食物分类表、作息表，或者月历等。<br>5.搜集关于数学或科学的文章。 |
| 空间智力 | 1.构图、绘画。<br>2.创作投影片、相簿。<br>3.堆积木、堆城堡。<br>4.看地图、识路。<br>5.玩迷宫游戏。<br>6.接触图像、影片、多层次色彩的事物。 |
| 音乐智力 | 1.唱歌游戏。<br>2.诗歌朗诵。<br>3.聆听民谣。<br>4.学习乐器。<br>5.学习乐谱。<br>6.节奏敲击乐器学习。 |
| 体能智力 | 1.舞蹈学习。<br>2.户外游戏。<br>3.戏剧表演。<br>4.伸展游戏。<br>5.球类运动。<br>6.田径运动。<br>7.清洁、打扫等家务活动。<br>8.带动唱游戏。<br>9.瑜伽运动。 |

| 智力 | 养成活动 |
| --- | --- |
| 人际智力 | 1. 家中成员角色扮演。<br>2. 服务他人。<br>3. 解决问题。<br>4. 家中成员合作完成某事，例如合唱、戏剧演出、共同旅行等。<br>5. 讨论家中议题。<br>6. 一起制定家中常规。 |
| 自知智力 | 1. 写日记。<br>2. 阅读励志故事，看励志影片。<br>3. 参与家务。<br>4. 接受家庭道德教育。<br>5. 静坐。 |
| 自然观察智力 | 1. 认识动植物。<br>2. 学习照顾动植物。<br>3. 学习有关动植物生态知识。<br>4. 学习如何观察生命体或非生命体。<br>5. 学习如何分类。<br>6. 培养搜集自然物的爱好。 |

此外，本书在附录部分的《测试二》中提供了多元智力的评量，让您了解孩子的各项能力如何，作为家长强化孩子某项多元智力的参考。

## 皮格马利翁效应(Pygmalion effect)应用于亲子间的教育

曾经有项实验，两个班级的学生入学时，其平均智力相当，但两个班的教师被给予错误的数据，显示其中一班的智力优于另一班。经过一年半之后，两班学生再进行一次智力测验，结果被以为较优的那一班的平均智力竟高于另一班 30 个百分点以上。其原因在于教师对于学生的期望不同，影响了学生的自我评价。这种由内在心理期望逐渐转变为外在结果的情形，就被称为皮格马利翁效应。

相同地，父母对待孩子如果都以优点视之，进而发掘其优点，将孩子视为独一无二的珍宝，他自然就会成为一颗珍宝。以下图表中之因素为亲子教育过程中可加以运用者。

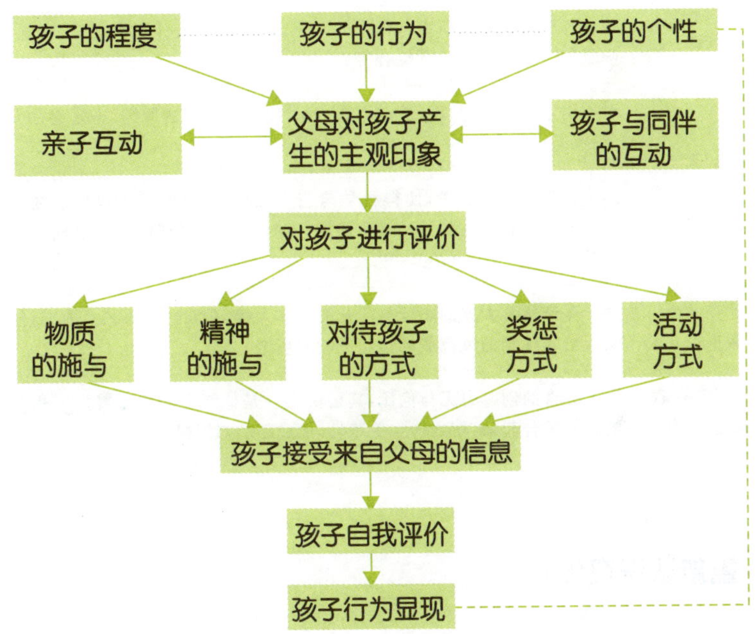


## 重新认识所谓的天才

自从 Michael Gelb 提出达·芬奇的 7 种天才特质后，许多人才明白，原来天才并非只限于传统想象中，IQ 很高、反应灵敏，或者多才多艺者，甚至还包含一些感性的特质。

**达·芬奇7种天才特质**

| 特质 | 影响 |
| --- | --- |
| 好奇心 | 好奇心即是一种原动力。婴儿一出生即对周围世界充满好奇与探索，好奇是对于生命永不满足，对事物不断探索的过程。 |
| 验证 | 凡事经过验证才获得知识。此乃真正实事求是的精神，在错误中学习，对凡事皆产生怀疑，以经验来证实知识的真假。 |
| 感受力 | 培养感受力是奠定研究与创作的基石，六个感受力分别为视觉、听觉、嗅觉、味觉、触觉与感觉综合等。 |
| 包容心 | 对不确定的情境保持开放的心态，对万物保持包容的原则，正是通往大成就的道路。 |
| 全脑思考 | 达·芬奇的全脑思考，使得科学与艺术、逻辑与想象间能得到平衡发展。他的左脑与右脑活动是全面展开的，美感与真理的追求是同时迈进的。 |
| 优美的举止 | 达·芬奇落落大方的态度与非凡的肢体天赋，造就绝妙的艺术画工，他认为培养优雅的风范能够达到成就的境地。 |
| 运用关联的创造力 | 达·芬奇的创造力无与伦比，其秘诀之一是他终生都练习着把不相关的元素结合起来，使之产生关联性，形成新的知识模式。 |

## 重新认识资优儿

许多父母问我："如何才能够让自己的孩子进资优班？"在他们的观念中，资优儿童代表了一切，将孩子送进资优班总是让自己有面子，并且认为资优儿童的IQ高，做起事来一定无往而不利。但许多研究指出，资优并不等同高成就，若希望资优孩子能发展所长，还需其他因素相配合。

## 全面资优是极少数

多数的资优孩子，其实只是单方面科目较一般学童优秀，如数学、语言等表现可能会较出色，甚至在多方面都有资优的表现，然而全面资优的始终是少数。再者，许多父母以为一次资优，就可以高枕无忧，殊不知孩子不是商品，挂有三五年的质量保证，因此，孩子虽然在特定阶段被测试为资优儿童，但是若缺乏适当的培养，以致其先天的潜力不能得到最好的发挥，随着时日推移，孩子便不再资优。

以树木生长为例，生长在条件充足的环境中，可能长至数百尺高，然而气候一旦改变，雨量减少，或土壤不再肥沃的话，树木就未必能以其最佳的状态示人。同样地，资优儿童也需要得到合适的培育，他们的才智潜能（Intellectual Potential）才能得到较好的发挥。

## 智力与情绪必须取得平衡

一个孩子成长所受到的影响，包括孩子自己本身、学校及家庭。资优的孩子智力虽高，但他们的心性发展未必跟智力同步，若得不到适当的辅导，孩子可能会自恃聪明，与老师对抗，不守课堂秩序，影响学习表现及人际关系。年纪小者可能会不够专心，长大后会变得反叛。而学校方面，过浅或过度重复的课程，加上爱挑错处及吝啬赞美的老师，也不利于资优孩子的发展。至于家庭方面，家长获悉孩子为资优儿童后，都会觉得像天上掉下的一块宝而过分保护，如此不但会妨碍孩子的心性发展，也会间接引致不少情绪问题。

这是因为资优儿童的能力被曲解，常导致他们的社交及情绪需要被忽略。一些父母认为，既然称为资优儿童，就意味着孩子样样皆精通，什么事都有能力自行解决，不需要他人协助。诚然，部分资优儿童确有能力处理多方面的问题，然而他们也需要学习如何跟他人相处。因为他们虽然脑筋好、反应快，对事物观察敏锐，但相对也会较一般人敏感，使他们在情感上较易钻牛角尖，容易受到伤害。再加上他们对自己往往要求极高，面对他人的批评，不仅极为介意，也较容易变得小气和输不起。有时，资优儿童因为太急于表现自己，锋芒毕露，又或对于事情过分执著，反而引来老师的反感或招致同伴的嫉妒。因此，家长还必须提升孩子的 EQ，引导他们在智力与情绪上取得平衡点。

父母给予资优儿童最高的衡量标准，认为他们必胜人一筹，但资优儿童有可能因为害怕自己的表现不够突出，又或是害怕失败，反而希望自己做个平凡人，如此矛盾情结也都是父母与社会给予的压力造成的。因此，家长必须体会他们情感脆弱的特性，遇到孩子不开心时，多与他们沟通，聆听、了解及体谅他们的难处，从而调整自己对孩子的期望。而最重要的是，家长不应给孩子太大的压力。

## 一个更健全的人格

学校教育的功能只能符合多数学生的需求，无法针对学生的个别需要发展课程或教学方式，因此，针对个别的需求，家长在家中可以量身订制一套完全适合孩子特质的教育方式。例如以加德纳的多元智力为出发点，家长可着重在语文、数理、空间、音乐、体能、人际、自知、自然观察等智力方面来培养孩子。

但若想让孩子在未来能更契合社会生活，以发展更加健全的人格，光是培养上述的能力其实是不够的，必须同时兼顾其他特质的发展（如下图）。这些特质的重要性与八项智力比较，其实有过之而无不及，但却往往是父母所忽略的。因此，本书将着重对这些特质加以介绍，以使家长对于这些特质更加了解并能广泛应用。这些特质分别为身心发展、人文关怀、责任心、团体生活及抗压力、创造力，以及专注力。另外，孩子自然观察力的培养，是很简单却很重要，但又常被父母忽略的地方，因此也将另辟一个章节作介绍。

健全人格的元素

# 第二章

# 培养自然观察力

培养孩子的自然观察力有两个目的：一是培养细微、敏锐的观察力；另一则是借由与大自然接触来培养与大自然的亲密关系，对大自然的领域有更深一层的了解。加德纳教授对自然观察的能力定义为："能够辨识动植物，对自然万物作简单的分类，并能运用这些能力从事生产。"

## 家长如何训练孩子的观察能力

培养孩子的观察力，有益于训练孩子敏锐的知觉，让孩子对万物产生兴趣。然而如何学习观察的技能呢？让孩子主动寻找观察的对象，家长则可以遵循事前准备、过程记录、事后分析的原则教导孩子。

## 科学方法进行的步骤

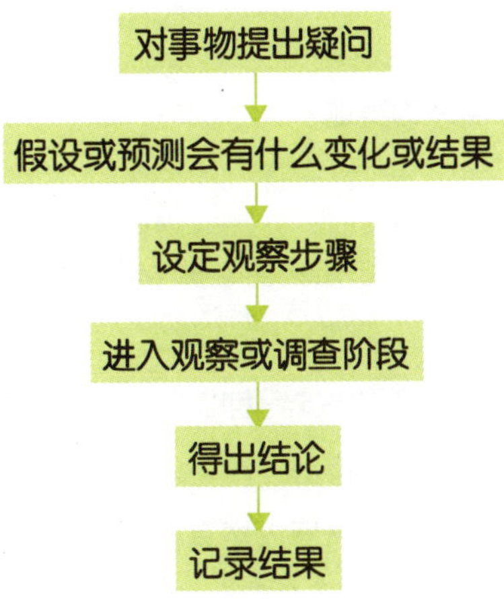

## 亲子动起来1　听鸟叫、虫鸣

### 目的

1. 让孩子安静下来。

2. 深刻体会大自然的美丽。

### 方式

1. 借着野外的活动或利用家中周围环境，带领孩子倾听鸟叫声与虫鸣声。

2. 闭上眼睛，耐心倾听3～5分钟。

3. 问孩子听到了几种声音。

4. 让孩子发现鸟叫或虫鸣与人类有何不同。

### 教育孩子

其实在车水马龙的环境中若不特别注意，根本很难听到这些虫子的声音，但是若静下心来，其实可以发现世界竟是如此多姿多彩，十几种虫子组成一支交响乐团，好不热闹。

### 观察笔记

开始接近一处虫鸣鸟叫的地方时，虫儿鸟儿惊觉到人类的接近，会先安静一会儿，然后断断续续发出声音，过一阵子便开始恢复正常的歌声。其实，人与自然的互动，有时存在着一股亲疏互动关系。

## 亲子动起来2　野外观察

### 目的

让孩子具备良好的观察技能，扩展大自然的视野。

### 方式

1. 事前准备工作：

| 项目 | 工作内容 |
|---|---|
| 工具 | 放大镜、望远镜或显微镜。 |
| 穿着 | 轻便简单为主，注重安全性。 |
| 物品 | 简单急救物品、水。 |

2. 观察内容：

| 项目 | 工作内容 |
|---|---|
| 石头 | 观察形状、材质、纹路，并画下来。 |
| 花草树木 | 颜色、形状、气味、构造。 |
| 昆虫 | 聆听叫声，观察身体形状、移动方式、身体特征。 |
| 鸟类 | 聆听歌声，观察栖息地、体形、身体特征。 |

3. 程序：

观察→记录(形体、动作、种类)→分析→结论

### 教育孩子

父母可适时询问孩子：为什么这只昆虫的腿这样长，想想看有什么功用，等等。

## 亲子动起来3　观察树木

### 目的

让孩子学会如何亲近一棵树。

### 方式

1.准备一本笔记本,记录一整年中树木的变化。

2.选定家中附近的树木,大、中、小各一棵(最好是不同的树种)。

3.观察每棵树的树干纹路、叶子的形状及纹路。

4.随着季节变化,观察树木有何异状,并照相观察树叶颜色的变化情形。

5.与孩子抱一抱树,体会树木的感觉。

6.想想看如何照顾树木或者保护树木,以及树木如何保护我们。

7.试着为树木取名字。

8.闻一闻树木,感受树木是什么味道。

9.搜集树木的果实与种子。

10.观察居住于树上的各种小动物(例如昆虫、蜘蛛、毛毛虫、松鼠、鸟)及各种状况(例如鸟巢、鸟蛋、树洞)。

### 教育孩子

培养对树木爱护的情操,了解共生共存的道理。

### 建立搜集物品的习惯

1.确认搜集的种类,例如叶子、动物标本、种子、花朵、石头、木头、树皮。

2.搜集时应注意事项:避免破坏自然环境、注意物品是否有毒害、搜集后是否影响当地生态等。

3. 参考相关数据：为了对搜集的物品有更进一步的了解，应当进一步研读相关资料，或参观相关机构、博物馆等。

## 训练分类

当您与孩子捡拾到一堆自然物，里头有奇形怪状的石头、各种树木果实，以及极易破损的树叶等，您是否会烦恼带回家后该如何处理？

首先，应该选择收藏的容器。当这些物品要放入容器时，应深思熟虑是否容易久存及美感、空间占用等相关问题。再者，每样物品应制作标签，如果牵涉到动植物，最好能标示中英文名称及学名，而这些在书籍上皆能查到相关的资料。若搜集的物品有关联性，最好能够画出“树状图”作出基本的分类，让孩子更清楚其收藏的种类。

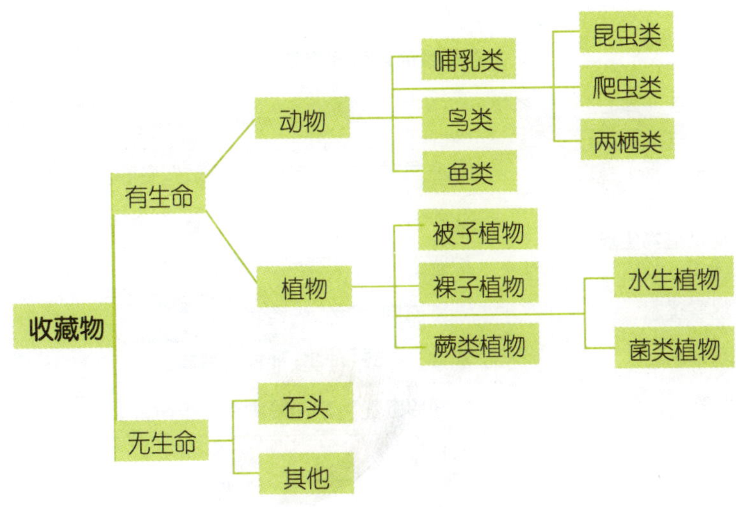


树状分类图范例

**两种物品差异比较记录**

| 性质＼物品 | A | B | 相似或相异 |
|---|---|---|---|
| 形状 | | | |
| 颜色 | | | |
| 功能 | | | |
| 外观 | | | |

## 自然观察可以很简单且不需花很多钱

简单的自然观察，其实也可以很有趣，且不用花很多钱。只要父母有心，常带领孩子到野外，坐下来，静静地观察每一项自然物，只需准备一支笔、一本笔记本就够了。

**不花钱的自然观察活动**

| 名称 | 内容 |
|---|---|
| 观察动物 | 观察鱼类、鸟类、昆虫等形态、作息等。 |
| 观察植物生长 | 认识花或叶的外形特征，认识树木的种类、纹路。 |
| 观察溪水 | 观察流向、颜色、内容物等。 |
| 观察岩石 | 观察其外观、种类、地理位置等。 |
| 观察大自然的声音 | 静静聆听在特定时段内有多少声音。 |

## 自然观察的心理状况

许多知识的起源皆是由问问题开始的，例如树叶为什么长成这种形状、花草为何是这种颜色、鸟儿为何会飞等，这些大人从不在意的问题，对小孩来说可能是启发他探索生命的敲门砖。孩子的世界有无穷无尽的可能性，借由探索有趣的事物，就可获得无限的启发。此外，孩子在观察一项自然景物时，同时也可训练其专注力，将心思放在细微的事物上，久而久之，自然能够培养谨慎的做事态度、锲而不舍的研究精神。所以，父母应当经常带孩子参观自然博物馆、生态植物园、水族馆、动物园、国家公园、林场、牧场等，让孩子建立更宽广的视野，与大自然做朋友。

## 建立孩子的环保观念

建立孩子的环保观念，同教导孩子如何避免受到伤害同样重要。父母首先应该教育孩子要懂得珍惜身边的每件物品；之后推广环保观念，让资源可以回收再利用，减少垃圾量，并减少物品的制造量，赋予旧物品以新生命。

环保工作最能达到的效果，就是从自身的生活做起，在亲子互动中教导孩子物尽其用，体会省吃俭用的美德。而唯有亲手做过，才能深刻体会环保的重要，因此，在环保教育的过程中，孩子与家长应共同创作，借以拉近亲子之间的感情，可谓一举数得。

**观念补充**

有几个重要的环保概念，必须灌输给孩子：

1. 有些资源并非无止境供应，例如石油、铜、煤、铁等矿物，经过开采后就不会再生，未来只能开发其他能源替代。

2. 必须注意污染的严重性：经济的发展会导致各种污染问题也随之发生，空气、水以及土壤等污染，均会对生态系统造成严重的影响。

3. 正视保护稀有动物的责任：全球稀有动物正遭受逐渐灭绝的浩劫，包括大熊猫、老虎、犀牛、非洲象、豹、鹰、熊、猩猩、黑面琵鹭、绿蠵龟等。

## 在生活中随手可做的环保行动

孩子在成长过程中会慢慢有归类物品的能力，所以，从小应养成收拾整理东西、物归原位的好习惯，自然可以避免找不着东西的情形。因此，家长应带领孩子，将房间整理得整齐有序，随时可找到需要的东西，也可降低因为找不到东西而乱买东西的浪费。此外，孩子的玩具太多时，可寻找机会参加环保回收或跳蚤市场的活动，通过以物易物交换玩具的方式，减少占有欲望，同时也能各取所需，让需要的人以极小的代价购得所需的物品。

**家中简单环保行动**

| 项目 | 方式 |
| --- | --- |
| 节省用水 | 随手关水龙头、淋浴取代盆浴、用淘米水浇花等。 |
| 减少纸张浪费 | 以正、反两面书写纸张，多用手帕、抹布，少用会造成林木滥伐的卫生纸。 |
| 塑料袋减量 | 购物时自己携带购物袋。 |
| 垃圾减量 | 少使用包装复杂的产品，适量煮食以减少厨余垃圾。 |

## 亲子动起来4　垃圾分类

### 目的

将垃圾有效分类，使资源得以回收再利用，减少资源的浪费。

### 方式

1. 准备能够辨别的容器或垃圾桶数个，例如以颜色辨别，红色代表放置纸类垃圾，绿色代表放置瓶罐类等。

2. 家长依据上述的资源回收项目，制定一套原则，将家中所有的垃圾分门别类。

3. 配合社区资源回收的时间，将资源回收物交给垃圾车后面的资源回收车，或者平日将资源回收物送至商场、超市的资源回收桶回收。

### 教育孩子

每个人在丢弃垃圾前如能稍作些基本分类，便可促进垃圾减量及资源回收的目标，使社区更干净，环境更美好。

| 项目 | 内容 | 方式 |
|---|---|---|
| 废纸类 | 报纸、杂志、书籍、纸箱、纸袋等 | 分类、捆绑 |
| 废塑料瓶 | 碳酸饮料瓶、矿泉水、牛奶、色拉油、酱油等空瓶 | 以清水稍加冲洗 |
| 废铁、铝罐 | 易拉罐汽水、食品罐头、奶粉罐、茶叶罐等 | |
| 废玻璃瓶 | 饮料、牛奶、酱油、酒类等玻璃制品空瓶 | 以清水稍加冲洗 |

| 项目 | 内容 | 方式 |
| --- | --- | --- |
| 废铝箔包 | 饮料、牛奶等铝箔包 | 抽出吸管，将盒子压扁 |
| 旧衣物 | 旧衣物、床单、被单 | |
| 废家电类 | 电视、冰箱、洗衣机、电脑、冷气机 | |
| 泡沫塑料容器 | 物品、生鲜食品包装容器 | 冲洗干净 |

## 亲子动起来5 净山活动，净滩活动

### 目的

借着清洁环境兼运动的机会，让大自然恢复生机。

### 方式

1. 父母事前准备垃圾袋、垃圾夹等工具。

2. 可联络其他家庭一起参与，或加入固定团体举办的净山或净滩活动。

3. 此活动可结合其他娱乐活动一起进行。

### 教育孩子

培养孩子随时随地负起维护大自然环境清洁的责任，及对自然怜爱的精神。

## 亲子动起来6　美好的步道

### 目的

观察自然环境，并寻找自然环境的奥妙。

### 方式

1.选定一处自然区域(例如公园、登山步道、小径等)，与孩子一起沿着步道走。

2.寻觅散落于地上的特别的东西(例如造型奇特的石头、硕大的树木果实或者泛红的枫叶)。

3.捡回后比较其形状、颜色、特征，并记录下来。

| 性质＼发现物 | 物品1 | 物品2 | 物品3 | 物品4 | 物品5 |
|---|---|---|---|---|---|
| 名称 | | | | | |
| 发现地 | | | | | |
| 形状 | | | | | |
| 颜色 | | | | | |
| 特征 | | | | | |
| 功用 | | | | | |
| 感想 | | | | | |

### 教育孩子

多用心体会周围事物，必然会有新发现。

## 亲子动起来7　堆沙堡

### 目的

亲近海洋、亲近沙滩，并借着一步步的堆积，训练孩子的毅力。

### 方式

1. 事前准备小铲、小水桶、遮阳帽等工具。
2. 选择一处洁净的海边、较无人的沙滩。
3. 与孩子共同计划欲堆积的形状。例如城堡、火车、游乐世界等。
4. 与孩子分工，一起合力完成沙堡建筑。

### 教育孩子

顶着大太阳工作一定不好受，且在堆沙过程中，虽然有时会坍塌下来，但只要努力不懈，终可筑成伟大的作品。

## 亲子动起来8　海边观察

### 目的

观察海洋，了解大自然的现象。

### 方式

1. 带领孩子在沙滩边静静观察海洋。
2. 仔细聆听海浪的声音，并观看海浪起伏的过程。
3. 抬头仰望蓝天白云，看与海洋是否构成什么样的画面。
4. 欣赏贝壳，观察海滩生物的活动情形。

### 教育孩子

海洋像是一个气候调节器，借着蒸发形成云层，再变成雨水降入河流，河流再流入大海；也可教育孩子河川污染的严重性。

## 亲子动起来 9　听大地的声音

### 目的

感受自然界的声音，构成一支交响曲。

### 方式

1. 选择公园、广场、山林间空旷的地方。
2. 静静聆听 10 分钟，用笔记录下有哪些声音。
3. 试着带领孩子贴着地面、靠着树干，看是否又听到不同的声音。
4. 询问孩子投入大地怀抱中的感受如何。

### 教育孩子

感觉到人类的渺小，面对大地一再给予人类，人类应学习其谦卑，同时以保护这块土地作为回馈。

## 亲子动起来 10　森林浴

### 目的

体验山林的乐趣，呼吸森林中的新鲜空气。

## 方式

1. 带领孩子进入山林后，反复进行几下深呼吸。

2. 伸展四肢，领略山林间的悠闲。

## 教育孩子

森林浴有益健康，主要是森林能供应氧气、净化大气、调节气候与防阻噪音，而森林中的负氧离子与芬多精（Pythoncidere），更有利养生。

# 亲子动起来11 观察蚂蚁

## 目的

体会小生命的价值，培养爱护小生命的情操。

## 方式

1. 在家中找找看，观察墙脚正排成长队伍的蚂蚁群。

2. 带领孩子仔细观察蚂蚁的活动情形，了解蚂蚁的一些现象，例如用触角互相碰撞，借以彼此沟通。

3. 观察蚂蚁是否扛着什么重物，询问孩子为何蚂蚁要扛这些重物。

## 教育孩子

蚂蚁是属于社会性的组织家庭，能够同心协力团结合作，就算是比它们重很多的东西，也都能搬回家。所以蚂蚁虽小，却也有家人，应该爱护小生命，不可随意伤害它们。

## 自然观察应搭配的科技工具

一项有效的观察，随着进步的科技更新其观察或实验工具，可获得更精确的数据及更省时省力的结果。以观察行星为例，早期的科学家只能用倍数不高的望远镜长期观察天体的运行，如今科学家已经可以用最高倍数的望远镜，搭配极为精密的计算机，并以实境模拟方式计算出极为精确的轨道运行数据。这些成绩都是拜科技所赐，因此，让孩子亲自操作、亲身体验，利用幻灯片、摄影机、各类图表、模型等记录下观察的点点滴滴，将使孩子产生更深刻的印象。

网络资源的丰富和使用便捷，对于父母或孩子的学习也助益良多。传统在固定场所观察的形态，随着科技日新月异的进步，终于将我们带入了另一个新纪元，例如孩子在户外学习到的自然观念，回到家中便可与网络或媒体工具搜集到的知识相互验证，使孩子的学习更切合实际，也能拓展孩子的学习视野。

其实，目前许多社区都有极好的资源，例如社区活动中心、图书馆或其他公共机构，都设有学习网站，只要轻轻一点，便可轻松悠游世界各地。

## 家长应有计划地培养孩子的自然观察能力

家庭的自然观察并非随性而起，而是如同学校课程一般，应一步步地有计划、由浅入深地安排，同时也须兼顾自然的时序性及地理环境的妥当性，否则观察将无功而返。例如在不适当的季节观察黑面琵鹭的生活情形，只会徒增困扰。再者，有些实验为期 1～2 周，有些则需长期观察才能获得成果，因此，家长应制订一套整年的计划，依序进行，如此就不至于有互相冲突的困扰。

**自然观察整年计划范例**

| 计划 | 内容 | 实施月份 | | | | | | | | | | | |
|---|---|---|---|---|---|---|---|---|---|---|---|---|---|
| | | 1 | 2 | 3 | 4 | 5 | 6 | 7 | 8 | 9 | 10 | 11 | 12 |
| 种植豆芽 | 每日测量长度。 | → | → | | | | | | | | | | |
| 养蚕宝宝 | 喂食并观察蚕宝宝的活动情形。 | | | → | → | → | → | | | | | | |
| 观察气候变化 | 每日测量温度、湿度，比较每月温度的变化，制作图表。 | → | → | → | → | → | → | → | → | → | → | → | → |
| 观察湖泊生态 | 测量湖水温度，观察水中动植物消长情形。 | | | | → | → | → | → | → | → | → | → | → |
| 观察月亮 | 观察月盈与月亏的变化并记录画图。 | | | | | | | → | → | | | | |

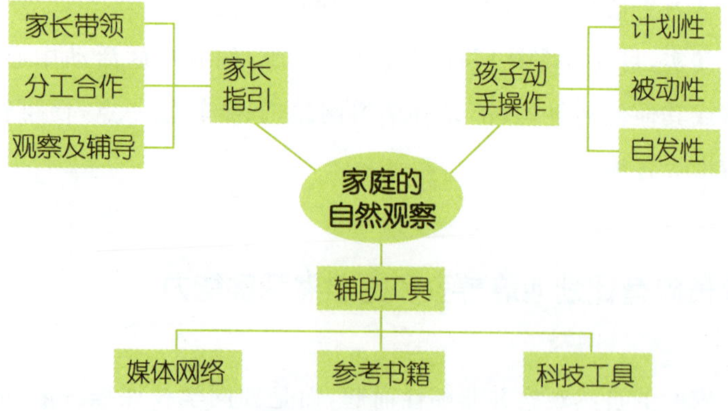


**在家庭中自然观察的形态**

## 家长责任重大——教育孩子确立关怀自然的态度

凡是超过30岁的父母，必定都有这样的儿时记忆，尤其是生长在乡村的孩子，童年更是多姿多彩，举凡烤地瓜、放风筝、玩竹枪（将细竹锯成小截，中间塞卫生纸或树木果实）等田野乐趣，都是难忘的愉快回忆。其实，这些成长的经历不仅仅只带来童年乐趣，更深一层的意义在于培养“与大地为伍”的情怀、对自然的崇敬与向往。

然而，经由媒体传播及现实生活的耳濡目染，弱肉强食的观念反而从小就在现在的孩子心中萌芽，而不知“万物皆有情”的道理。例如几年前行走在路上，看到一群放学的孩子正以棍棒痛打一只小狗，并视之为乐趣。我赶紧去阻止并问道：“这只小狗是不是咬了你们呀？为何这样打它呢？”孩子们竟然说：“这只狗挡在路中间了，要好好教训它……”

其实，要改变这些观念需要一些技巧，家长应灌输孩子将心比心的观念，譬如：“这只狗如果换成是你，并且有一群孩子无缘无故拿着棍棒追打你，你会如何想？”再者，应时常与孩子一起分享关于大自然的影片，让孩子接受人文之外的多方知识，刺激感动的心灵，思考大地的意义，也学会以平等心对待。平日，家长亦可带孩子参观动物园、植物园、水族馆等，或设法让孩子多亲近小动物，而在能力、环境的许可下，饲养小动物是最直接关怀的方式。

## 第三章

# 健全身心发展

身体与心理的发展，以往都是分开论述的，近来则偏向于放在一起讨论。事实上，身与心的发展是相辅相成、密不可分的，两者交互影响。所以，从孩子本身出发，对所接触到的周边环境实行感觉综合，必能让孩子有所领悟，进入到学习的过程。

对于孩子来说，身心发展最直接的方式便是游戏，在游戏中学习不但可以满足孩子体力的发泄，也可借着旁人的协助发展其脑力、感觉及综合能力。父母陪孩子一起玩，不但有助于建立亲密的亲子关系，而且能在游戏中通过不断反复的过程，给予大量的探索经验与整体性发展机会，让孩子得以学习，并从中练习新的思考方式。

身心发展训练的最佳状况是由父母亲自带领着孩子一起做，并指导其要诀。由于较小的孩子的部分肢体发展与脑部发展未臻成熟，父母从旁协助会使其发展更快速，也更正确。因而父母多会惊讶地发现，当孩子发展到一定阶段时，自然就会举一反三，这包括语言、动作、态度与行为。举例来说，父母指导孩子倒水的动作，下次他就能够应用在用小瓶口接水、浇花及将水由一个容器倒入另一个容器的动作上。

**在家中可训练孩子的简易动作**

| 年龄 | 简易动作 |
|---|---|
| 2～3岁 | 关门、开门、开抽屉、关抽屉 |
| 3～5岁 | 自己穿衣、穿鞋，左右手拿轻重物 |
| 5～7岁 | 用抹布擦桌子、浇花、扫地 |
| 7～9岁 | 照顾小动物 |

## 感官能力训练

感官知觉包括视觉、听觉、嗅觉、味觉和触觉五种，而知识的储存，就是通过这些感官知觉，将信息存入人的记忆体中。但在学习的过程中，许多人都忽略了两点：一是没有好好运用这些感官知觉，二是不清楚这几种感官知觉能够发挥的功效。

对于一个正在成长的孩子来说，如果能够善用五官学习，尤其是视觉、听觉、触觉，将有决定性的正面影响。举视觉为例，家长带孩子到水族馆观看鱼儿游水，或参观美术馆中多变的图像造型等，都能逐步训练孩子观看由近及远的景物，练习远近聚焦的能力。当走在街上时，父母也可选定一些造型特别的招牌，询问孩子招牌是什么形状，再由各种角度、距离观察招牌的形状或色彩是否有改变。这是因为孩子凭借视觉建立物体、空间的实际概念后，才能进一步发展抽象的观念，而视觉发展如果不佳，就会影响到学习效果，同时也较无安全感。

至于听觉方面，父母应该时时和孩子说话，家中也随时放一些不同的音乐，训练孩子的听觉能力，但是要避免太嘈杂、分贝太高的音乐。而为了刺激孩子触觉的发展，妈妈的拥抱是十分重要的。

同时，先让孩子接触不同材质的物体，再让孩子接触物体的形状，如圆形、四方形、三角形等，也可以训练其对物体的敏感度。

除此之外，人类其实还有很多的感觉，例如放松的感觉、舒服的感觉、紧张的感觉、冷热的感觉、焦虑的感觉等，父母都可因地因时带领孩子去体验。

## 亲子动起来12　猜猜谁的手

### 目的

体验肢体触感，并建立亲子关系。

### 方式

1. 让孩子先闭上双眼，然后父母一起站在孩子身后，各伸出一只手。

2. 请孩子借着触摸父母的手，辨别哪一位是父亲，哪一位是母亲。

### 教育孩子

运用触觉技巧，可以学习到许多事物。

## 亲子动起来13　照镜子

### 目的

了解喜怒哀乐、人生百态。

### 方式

1. 孩子与父母都站在镜子前面。

2. 父母先示范并带领孩子做各种夸张的表情，如快乐、忧伤、痛苦、疑惑、惊讶等。

3. 然后由父母做些表情，让孩子猜猜看；或者角色调换，由父母猜孩子正表现什么神情。

## 教育孩子

孩子如果表现不乖，妈妈的脸就会变成“苦瓜脸”；如果表现良好，妈妈就会转变成“苹果脸”。

# 亲子动起来 14　感觉大搜索

## 目的

认识各式各样的感觉与神情。

## 方式

1. 将下列词句一一解释给孩子听，让孩子试着用肢体语言或面部表情表现出来。

| | | | | |
|---|---|---|---|---|
| 骄傲 | 友善 | 痛苦 | 原谅 | 友爱 |
| 谦虚 | 冷漠 | 愉快 | 容忍 | 关怀 |
| 高兴 | 热情 | 惊讶 | 强壮 | 生气 |
| 悲伤 | 自私 | 小心 | 虚弱 | 敏感 |
| 报复 | 伤害 | 沮丧 | 轻松 | 紧张 |

2. 询问孩子，当你表现出这样的情绪时，别人的感受如何。

### 教育孩子

各种情绪都会影响自己与周围的人，如果释放出正面的情绪，他人也会受到正面影响；如果释放负面的情绪，则他人也会受到不好的影响。

## 亲子动起来 15 描述梦

### 目的

让感觉更加具体化，帮助孩子确切表达梦境的感受。

### 方式

1. 请孩子将梦描述下来，或拿笔画在纸上。

2. 为了避免忘记，可训练孩子一觉醒来立刻画下或重点记下，再与之分享。

3. 父母不必试着解梦。

### 教育孩子

任何的情境都会产生不同的感觉，但许多负面的情绪就像梦境一般，经过了就消失无踪，因此，要学会释放这些情绪，不需要过于在乎。

## 学习独立

大部分的父母都不知道应该教导孩子独立，造成孩子依赖性过大，长大后仍然需要父母帮忙料理大小事宜。最直接的例子，便是发生在每天早上的校门口，比比皆是像孩子小书童的父母，帮孩子背书包，提书袋、美劳作品，只差没有直接抱孩子进教室。可想而知，这样的孩子在家里能够主动帮忙做家务都是奇迹。

事实上，训练孩子独立不但能使家长减轻负担，还能够帮助孩子学习自我成长，让孩子对事物的安排、对时间的掌控、对自身的管理，都有更直接的经验。然而，关于训练孩子独立，许多家长会有错觉，认为直接放手让孩子做一件事，便可使孩子学习独立。殊不知没有经过指导，往往会造成相反的效果，使孩子更加胆怯，遇事逃避。

举例来说，一个家长为了训练孩子单独搭乘公交车，只是给他钱，并告诉他从哪一站坐到哪一站是不够的。应该由父母陪同孩子搭乘一次，沿路记下路线，并指示他坐过站应如何应变，及为孩子准备移动电话或许多零钱，遇到紧急状况时可打电话求援等，并观察孩子确实能够独立搭车时再放手。

放手让孩子独立绝对需要审慎的评估和事前的筹备、计划，给孩子和谐的情绪基础，培养孩子不畏逆境的勇气，这样才是真正“爱孩子”的表现。

## 亲子动起来 16　独立完成某件事

### 目的

训练孩子过独立的生活。

### 方式

1. 父母安排一项任务给孩子做（例如阅读某一本书、某件绘画创作，或者浇花、拖地等），并给予时间的限制。

2. 家长一旦交付任务后，就应该放手让孩子完成。中途也尽量不与孩子交谈或提供意见，让孩子完全自主地掌控，直到完成为止。

3. 若孩子年纪太小，家长可让孩子在自己身旁，并各做各事，不互相干扰。

4. 实施验收，给予指正或鼓励。

### 教育孩子

家长逐步提醒孩子独立的必要性，告诉孩子将来会长大，父母会老，凡事都要慢慢自己担当起来。

## 家庭活动

在家庭中，父母与孩子往往像是圆规的两只脚，在一定距离之内和谐地舞动，然后借由家庭成员的互动来帮助孩子获得成长，因此，家庭生活对于孩子早期的发展有最直接的影响。

不过，有许多父母不知如何带领孩子成长，其实，家庭已提供孩子成长的一切所需，只要父母与孩子有紧密的互动关系，就能共同分享家庭的点点滴滴。因此，让孩子参与家务劳动，教导其知晓这是每位家庭成员的责任，使其乐于分担家务，这样家庭生活才会更舒适。而在家庭中遇到问题或冲突时，也要以尊重的态度来沟通与协调，并和孩子共同学习、成长。

## 在家中增进亲子关系的游戏

许多小游戏都有助于推进亲子关系，不过，家长可能会不耐烦，认为这些游戏过于无聊，拉不下架子与孩子进行互动。然而这种不能设身处地的想法只会增加亲子疏远的程度，因此，每天或每周设定一个固定时间，不需太长，只要认真将它当成一回事，家长便会发觉，原来这样建立起来的亲子关系，远比整天训诫孩子的方式来得有用。

### 亲子动起来 17　洗车

**目的**

让孩子亲身参与家庭事务，学习互助合作的道理。

**方式**

1. 父亲准备好各种器具，并为孩子也准备一份。
2. 教导孩子洗车的方法，并不断称赞孩子的表现。

**教育孩子**

即使孩子的动作略为缓慢，家长仍应以恒心鼓励孩子动手，因为有了亲自参与家庭事务的经验，孩子才会拥有自信与满足。

## 亲子动起来18 一起做家务

### 目的

让孩子养成一起分担家务的习惯。

### 方式

1. 父母事先选定要让孩子分担的工作，并评估是否适当。

2. 准备各项工具、器皿让孩子使用。

3. 若孩子从未做过指派的工作，父母应先教导，再放手让其工作。

4. 可适时播放优雅的音乐，让全家感受愉快的工作气氛。

### 教育孩子

做家务是全家共同的责任，不只是父母的责任，尤其做完家务后，家里会变得更干净、更清爽。

## 亲子动起来19 一起炒一道菜

### 目的

让孩子认识炒菜的过程与辛劳。

### 方式

1. 父母与孩子事先计划好要炒一道香喷喷、色佳味美的菜。

2. 父母带领孩子准备材料，并分配一些简单的工作让孩子做。

3. 炒菜过程中，家长应不断与孩子对话，提醒炒菜的技巧，引起参与兴趣。例如："放入葱蒜先爆香，等一下就可吃到美味爽口的菜肴了……”

### 教育孩子

让孩子了解，炒一道菜是需经过许许多多的工序才能完成的，因此不可偏食，每道菜都应尽量吃完。

## 亲子动起来 20　节约高手

### 目的

带领孩子学习消费行为，养成节约的好习惯。

### 方式

1. 教导孩子钱币的使用方法，认识每一种币值。
2. 带领孩子上街购物，教导孩子认识各种物品的标价。
3. 学习比较价格及质量，并注意保存期限。

### 教育孩子

购买前应先考虑需求性，应先使用完家中的部分，再购买为宜。

## 亲子动起来 21　家中安全大检查

### 目的

让孩子了解家中各项设施、器皿使用的安全性。

### 方式

1. 父母告诉孩子要进行一次全家安全大检查，并先行列出家中对孩子属于较危险的物品或设施。举例如下：

| 类别 | 危险物品或设施 |
| --- | --- |
| 电器类 | 电扇(手不可伸进扇面)、洗衣机、电熨斗、吹风机等。 |
| 药物类 | 各式药品、急救箱等。 |
| 厨房类 | 烤箱、煤气炉、刀具等。 |
| 设施类 | 扶梯是否损坏、各种梯角是否太尖锐、卫浴是否太湿滑等。 |

2. 教导孩子上述各项物品的正确使用方法及摆放方式。

3. 对孩子说明危险的物品具有的严重性，或观看使用家电不当而导致危险的新闻。

### 教育孩子

使用各种器具前，应先阅读相关产品说明书，以建立起安全使用的观念。

## 肢体运动

对孩子的肢体动作进行训练，是开发孩子“运动觉”及学习自我控制的基础。尤其是3～4岁的孩子，其肢体协调、大肌肉动作等都还在发展的阶段，经常从事体能活动、练习基本动作技巧是必须的。因为孩子的体能活动如果不够，很可能胃口、睡眠质量都会受到影响，学习效果也会大打折扣，甚至整体的肢体发展、动作协调、小肌肉的发展也会受到影响。因此，家长应不时带着孩子到室外的活动空间，充分伸展肢体、锻炼体能，发展大肌肉运动，例如溜滑梯、攀爬设施、摇摇马等。

## 动手做的能力

家庭生活中常会有使用DIY产品的机会，这时父母应把握机会让孩子观看及学习，并逐渐培养孩子动手做的习惯。孩子将会察觉自己原来可以处理很多事，同时也能对很多事物存有自己的看法。例如组装一组书架，经过父母指导孩子组装后，或许下次他就能够有不同的想法，组装成各种不同的形状，并加以装饰。

不过，有些父母担心安全性，不放心让孩子触摸这些东西。其实，只要事先将安全措施准备得当，家长没有理由抹杀孩子的能力，因此，切勿低估孩子的潜能，大胆让孩子适当地发挥，常会有意想不到的收获。

## 亲子动起来22　亲子协调运动

### 目的

训练孩子伸展肌肉，增进亲子关系。

### 方式

1. 父母选择家中的一个适当场所，穿着宽松服装。

2. 进行倒下、互背、伸展、蜷缩、手指运动。

3. 父母也可准备一些辅助工具，例如球、呼啦圈、绳子等，帮助孩子训练各种肌肉的收缩。

## 教育孩子

多运动能够增加抵抗力，使疾病不会来。

# 亲子动起来 23 骑自行车、走路

## 目的

借着骑自行车及走路训练孩子体能。

## 方式

1. 家长选定一个合适的场所，并设定一定时间或某个地点为目标。

2. 逐渐加长时间，发掘孩子更大的体能潜力。

## 教育孩子

每个人都有许多潜力，只要相信自己，尽自己最大的努力，都能达成目标。

**10 项走路的研究**

| 项次 | 内容 |
|---|---|
| 1 | 经常走路、爬楼梯及正规运动的人，会比整天坐着的人，一周多消耗2000 卡的热量，同时身体机能也较为健康。 |
| 2 | 一天走 10000 步，可消耗 300～450 卡的热量，而一周就将消耗 2100～3150 卡的热量。 |
| 3 | 成人走 10000 步的距离约 8 公里，小孩走 10000 步的距离约 6.5 公里。 |

| 项次 | 内容 |
|---|---|
| 4 | 一般办公室的职员一天走不到 1000 步。 |
| 5 | 每天应至少走路半小时才可达到运动的效果。 |
| 6 | 欲保持健康的状态，一周至少走 3 天，每次至少 20 分钟。 |
| 7 | 欲达到减重的目标，每天必须走半小时，且以每小时 5～7 公里的速度走完。 |
| 8 | 每天走路将有助于防止心脏疾病，并具有降低血压、减少糖尿病等功效。 |
| 9 | 每天走路可避免骨质疏松症。 |
| 10 | 每天走路可降低各种疾病的死亡率。 |

## 亲子动起来 24　修理旧家具，换灯泡

### 目的

培养自己动手做的能力。

### 方式

1. 当父母在修理家中的坏家具时，请孩子在旁观看。
2. 时时告诉孩子修理的步骤，让其明了。
3. 安全仍为第一要务，要小心谨慎。

### 教育孩子

将家中损坏的家具或设施修好重新使用，既省钱、环保，又有成就感。只是工具的使用应注意其适切性，只有在正确使用的情况下，工具才能发挥功效，否则极易伤害到他人。

## 亲子动起来 25 寻找宝藏

### 目的

让孩子享受寻找的乐趣。

### 方式

1. 家长事前安排一些“宝藏”藏于屋内各角落。
2. 制作“藏宝图”，让孩子依据“藏宝图”寻找。
3. 另外设计谜语让孩子猜，如果猜中便可寻找其余的宝藏。
4. 若全部都找到，则可换取另外的大奖赏。

### 教育孩子

当一层层关卡突破时，内心的喜悦将远胜于一切。

## 亲子动起来 26　分享小秘密

### 目的

借由秘密分享来增进亲子间的互动。

### 方式

1. 父母可利用睡前时间，以轻松的口吻对孩子说：“今天有没有什么秘密要对妈妈说呢？妈妈可以当你的小听众喔！”

2. 家长同样也可以对孩子说出自己的秘密：“今天有位小孩帮妈妈做了好多家务喔！让妈妈不用这么辛苦，真好！你猜猜这个小孩是谁家的呢？”

### 教育孩子

父母永远都是关心孩子的，如果任何事情都可以彼此分享，父母也可以感受到孩子的喜怒哀乐。

## 亲子动起来 27　绘制家族谱系表

### 目的

借由绘制家族谱系表，学习家族成员之间的关系，同时也学习称谓关系。

### 方式

1. 与孩子讨论家族成员之间的关系。

2. 试着画出树状图（族谱），并指导孩子学习各种称谓。

## 教育孩子

中华民族是重视家族伦理的民族，因此，每个人应该主动探索自己的家族面貌。

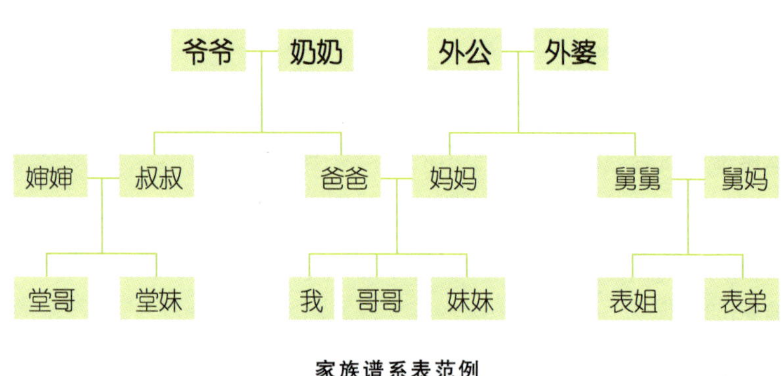


家族谱系表范例

## 与孩子一起拟定计划

根据心理学家皮亚杰(Piaget)的理论，当孩子成长到11岁左右时，便进入形式运算阶段(Formal Operational Stage)。这时孩子的心智发展已经成熟，接下来只是在量上的增加。如果没有为孩子妥善规划时间，那么孩子将在看无意义的卡通、玩电动玩具、上游戏网站等无意义的事情中度过，久而久之，父母就会发觉孩子已经完全没有了学习的动机，生活也毫无目标，成绩甚至一落千丈。但是父母如果能和孩子一起制定目标，将生活填补充足，长久下来，父母与孩子两者都将收获许多。因此，无论是共同讨论一本小说，还是一起装饰圣诞树，都是一个很好的目标。

**计划范例：小熊家族 12 月份计划表**

| 项目＼时间 | 12/1～12/7 | 12/8～12/14 | 12/15～12/21 | 12/22～12/28 |
|---|---|---|---|---|
| “飞天鹅”阅读 | ------------ | | | |
| “七勇士”阅读 | ------ | ------ | | |
| 12/14 植物园之旅搜集资料 | | ------------ | | |
| 装饰圣诞树 | | | ------------ | |
| 小熊家族人口调查 | | | | ------------ |

## 如何维持孩子的持续学习动机

孩子从小便会对许多事物存有强烈的好奇心，而好奇心正是驱使他们学习的主要动机。不过，随着年龄的增长，孩子的好奇心却会逐渐减少，主要原因如下：

1. 孩子逐渐熟悉很多的事物，很难再激起新鲜感并对之产生兴趣。

2. 孩子对许多事物的好奇心，其实都只是表面的，如果要继续深入探究，是需要充分的背景知识与智慧作支持的。因此，如果无人从旁指导，将不得其门而入，久而久之，孩子便会渐渐失去耐心与兴趣。

3. 随着年龄的增长，孩子接触到的知识越来越多，有益的、无益的，甚至是有害的，由于孩子无法尽情消化，认知判断将变得一团紊乱。

4. 客观外在环境的知识，如果无法充分配合成长中孩子知识发展的需要，就会产生供需落差现象。

5. 孩子由家庭进入幼儿园、小学、中学，会接触到各种性格的同学与不同的观念，人格发展也会趋于复杂化(绝大部分朝负面发展，例如不再遵守校规)，相对也会影响到学习动机。

综观以上因素，要持续维持孩子的学习动机实在不是一件容易的事。不过，以下几点建议是可供父母参考的。

## 针对孩子的个性设计适当的活动与知识

一旦孩子喜欢父母所设计的活动，下次再进行时，便会产生“期待”的心理，而这种由外转化为内的动机，即是持续维持的效能之一。

## 尽可能不去阻碍孩子问问题的机会

不管父母认为问题本质是成熟的还是幼稚的，其实孩子的每一个问题都有其背后的动机与意义，而这样的动机比问题的本身更为意义重大，因为它显示孩子有心思花在这件事情上。

只是有些父母觉得孩子的问题过于幼稚，便显得不耐烦，而以草率敷衍的方式应付，或者直接禁止孩子发言。这些都是不恰当的做法。如果孩子确实只是毫无目的地乱发问，只为引起父母的注意，这时父母也应以和颜悦色的态度，逐步引导孩子跳出无意义的问题，转向较有意义的方向。

**【文章阅读】母子对话范例**

孩子：妈妈，我们家有冰箱吗？

妈妈：有啊！冰箱就在我们家厨房呀！

孩子：妈妈，那我们家有洗衣机吗？

妈妈：有啊！洗衣机就在我们家阳台呀！

孩子：妈妈，我们家有电视机吗？

妈妈：有啊！客厅中前方摆的就是电视机呀！你每天都打开来看卡通呢！（发觉有些不对劲）

孩子：妈妈，那么我们家有车子吗？（存心捣蛋）

妈妈：有的，你每天去上学，爸爸载你的就是我们家的车子！这样好了，如果你不太清楚我们家有哪些东西，我们何不换个方式！来，这里有一张纸，你可以一一将他们画下来，妈妈等会儿一一跟你解说，并且要记下来喔！

## 找出让孩子肯定自己的因素

通常一个常受别人肯定的孩子，学习事物便有动力，同时也想要做到最好，父母可鼓励孩子往某项兴趣发展，发展得越好，就越有动力支撑他持续不断地学习。

**增强儿童学习动机的基本因素**

| 项目 | 说明 |
|---|---|
| 兴趣与爱好 | 对一件事产生兴趣，想一直探索下去的精神。 |
| 成就的驱使 | 例如想考第一名的原动力。 |
| 同伴助力或压力 | 看到他人能，相信我也能。 |

| 项目 | 说明 |
| --- | --- |
| 父母的鼓励 | 适时给予一句鼓励的话语，比任何实质的给予都来得有帮助。 |
| 饮食习惯 | 均衡的饮食能够对学习有正面的影响；相反，过于负担的饮食或不正常的饮食，都将影响孩子的学习。 |
| 健康状况 | 适当的运动、充足的睡眠会使健康保持最佳状态，也能让孩子愉快地学习。 |
| 外在环境 | 环境过于嘈杂，会使原本愿意学习的心态转趋消极。 |

**观念补充**

有些家长不禁自忖：为何“奖惩”没有列入孩子学习的动机当中呢？事实上，“奖惩”的目的是大于实质意义的，在许多研究中发现，“奖惩”应有方法，让孩子总能“吃这一套”其实是不简单的。因为若使用不当，最终可能会让孩子视奖励为理所当然，视惩罚为不痛不痒的麻痹感，进而演变为“不吃这一套”，使其负面效果大于正面效果。

因此，“奖惩”的措施不见得适用于每个孩子，如果没有充分了解孩子的个性，就贸然实施，恐怕反而会有不良后果。例如，调皮捣蛋的孩子扰乱秩序只是为了引起父母注意，若施以处罚则可能会适得其反，使孩子受到注意的目的得逞，下次仍会再犯。

如果非要惩罚，美国著名心理学家 Skinner 建议采用剥夺式惩罚(Removal Punishment)，少采用直接表现式惩罚(Presentation Punishment)。例如孩子犯错时，父母告诉他，如果从现在起每天吃饭前就能将功课写完，这样周末就能去游乐场游玩。如此，孩子便能自行衡量轻重，使自己有自新机会，最后仍能达到目标，既强化了自律性，又达到了父母的要求，这便是剥夺式处罚。而直接表现式处罚正如体罚，则会使孩子立刻陷入痛苦的境地，相比之下，效果其实不大。

**观念补充**

有一种教学方式是让孩子自由自在地探索知识，取代了传统的教师在台上讲解课程的方式。此方式主要是让孩子做主，孩子们借由分组讨论、角色扮演、提出疑问和吸收知识，而教师只是从旁协助，并适时鼓励学生。

这样的理由在于与其让教师讲解知识，不如让孩子主动探索知识来得有效。换句话说，若教师直接将答案告诉学生，学生就容易遗忘；若让学生先行反复思考，即使过程中回答了许多错的答案也没关系，因为学生最后获得的答案是真正经过消化后得到的知识，而这样弥足珍贵的过程，才是让孩子学习的最佳方式。

## 训练孩子凡事提出疑问

我国的传统教育与西方教育最大的不同点在于我国的教育总是直接灌输孩子知识，而西方的教育则训练孩子对事物提出疑问。因此，我们的孩子总是照单全收，丝毫不假思索；而西方的教育却不提供给孩子直接答案，让孩子训练独立思考能力，在一堆的疑问中渐渐理清方向，最后找出答案。曾有人好奇，为何许多印度人能够在美国计算机软件领域有杰出表现？于是研究印度国内教育的过程，结果发现其中一项重要的根据，是其学校考试的题目很少有填空或选择题，绝大多数都是申论题。

其实，一位真正的求学者，总是对于研究的理论反复推敲，并不时对内容提出疑问："这样的研究过程是否合理？""这样的推论是否有漏洞？""如果是我的实验，我会提出什么样的改进方式？"对于研究时常提出批判，反而更能够对事物有彻底的了解。

相反地，若只让孩子照单全收，无疑是抹杀其独立思考的潜力。真正地吸收知识应有相对的回馈，对文章作出反应、疑问、知觉、整合与应用。家长与孩子共同研读文章或故事时，应引导其提出疑问，然后给予时间思考及回答。

**【文章阅读】差不多先生（胡适）**

差不多先生常常说："凡事只要差不多就好了，何必太精明呢？"妈妈叫他买红糖，他买白糖回来。妈妈骂他，他道："红糖同白糖，不是差不多吗？"长大做伙计时，十字常常写成千字，千字常常写成十字。老板骂他，他说："千字比十字只多一小撇，不是差不多吗？"

有一天，他生了重病，叫家人去请东街的汪医生。家人一时寻不着东街的汪大夫，却把西街治牛的医生王大夫请来了。差不多先生知道寻错了人，但病急了，心里也想："好在王大夫与汪大夫差不多，让他试试看吧。"于是这位王大夫就用医牛的法子给差不多先生治病，结果差不多先生就一命呜呼了。差不多先生快死之前，仍然说："活人和死人也差不多，凡事只要差不多就好了，何必太认真呢？"

差不多先生死后，大家都很称赞他样样事情看得破、想得通，不会斤斤计较，真是一位有德行的人，于是大家给他取个谥号为“圆通大师”。由于名誉越传越远，越久越大，很多人都以其为榜样，人人都成了差不多先生，终于，中国从此就成了一个懒人国了。

### 设计问题

1. 读完差不多先生的故事，你有什么感想？

2. 如果有个人像差不多先生，会有什么样的后果？

3. 大家称颂差不多先生为“圆通大师”，这有什么含义？

4. 如果你的身边有位差不多先生，你会如何与他相处？

## 不要忘记培养孩子的艺术涵养

艺术的定义相当广泛，以一般的定义来说，诸如戏剧、音乐、舞蹈、美术、视觉艺术及运动等都在艺术的范畴。越来越多的研究显示，艺术对于脑力发展具有积极正面的效果。在孩子1～3岁时，脑部即已准备好接受各种艺术的刺激，随着艺术的刺激，脑部的发育也趋于成熟。举例来说，借由接触音乐，能有下列的益处：

1. 阅读效率增加。

2. 容易理解书中知识。

3. 较能弹性地解决问题。

4. 较愿意接受新知。

5. 较有自信，且较能表达自己。

相同地，视觉艺术也可让人借由观赏作品而产生许多想法，看待事情会有不同角度。此外,舞蹈及运动的接触,更可使身手灵活,脑部活动量提高。

## 亲子动起来28　观赏一幅画

### 目的

训练孩子对美术的欣赏。

### 方式

1. 参观美术馆,指导孩子看一幅画。

2. 询问孩子看这幅画有何感受,对色彩有何看法,是否能够描述画中的人和事物。

### 教育孩子

每幅画都有故事,如果细细品味,一定能够对自己有所启发。

第四章

# 人文关怀养成

9 岁的小华在上学途中看到一只小狗奄奄一息地躺在路旁，他试着将午餐中的荷包蛋拿出来喂小狗；相反地，在教室内，小华的同学小瑾与小君，为了抢夺一支掉在地上的无名铅笔，正在大打出手。

为什么同龄的孩子会有如此截然不同的表现？其实，以自我为中心正是幼童成长的过渡期。有些孩童发展缓慢，且无适当引导，便可能益加扩大自我。而有些孩子则在小时候曾有参与人文关怀的经验，例如看到母亲曾经拿食物喂路旁的野猫野狗，或是将买菜剩余的钱给路旁乞讨的老婆婆，这种种经验会产生相对的同理心（Empathy，即了解和分享对方的看法），使自我的心态快速消退。

因此，同理心的培养是需要父母在旁指导的，如果父母能够随时随地关怀周围事物，孩子也将会受到相对的影响。

## 对孩子品格培养的训练

根据美国心理学家 Skanchy 的研究，对于孩子品格的培养，应从价值与潜能、权利与责任、公平与正义、成就与优秀、社会责任与个人名誉等几个方面着手。而培养品格，则可以训练孩子以下的能力：

1. 创造力与独立思考能力。

2. 解决问题的能力。

3. 自我认知与自我反省能力。

4. 判断力与果决力。

5. 接纳并尊重不同意见。

6. 对周围环境发生兴趣。

一个成功的品格训练，应包括以下几个要素。

## 父母的示范

父母示范好品格时，孩子学得最快，这是因为有了父母的榜样，孩子们就有最直接的学习对象。当然，父母并非完人，或许无法时时表现出某种特殊的好品格，但至少应随时注意避免在孩子面前表现出不好的行为，例如抠脚丫子、坐姿不雅、说粗话等。也就是所谓的“身教”，先求诸自己，再引导别人，只有先培养好自己的品格，才是培养周围他人品格的第一步。

## 赞美好品格

赞美品格可以使人受到鼓励，继续表现好品格。所谓“赞美”，是指出哪些言行和态度示范的品格特质能使人受益，并借着赞美品格，让孩子发挥最大的潜能。

父母应记住的重点是，必须赞美品格而非成就。因为赞美成就而非品格时，孩子容易产生紧张或竞争心态，例如父母称赞其他孩子考试成绩比较好，可能会让自己的孩子感到嫉妒或气馁。但是父母称赞的若是别的孩子在学校很勤奋，则会激励自己的孩子也勤奋读书。

## 采用关联效果

父母应运用一些孩子容易了解的事物，结合起来强化品格的学习。例如，孩子表现懒散的时候，父母可以提醒他上次阅读故事书时曾阅读过的故事，来帮助孩子明白坚持和勤奋品格的可贵。对孩子来说，将这些事与实际生活相连是相当重要的，当孩子对某项品格特质越明白时，也就越能将它应用在生活中。

## 疏导纠正以培养好品格

父母虽然有责任纠正管教孩子，但父母与儿女之间必须已建立起良好的关系，管教才能有效果。也就是说，父母要表现出真心的关怀，则两者之间才能培养出良好的关系。而父母要纠正孩子行为时，必须即刻行动，且应私下处理，让恰当的改正是出于爱而非怒。

当遇到不听话的孩子，应让他体会到自己是做错什么事而受到处罚。父母可用问题引导方式，例如："你知道自己错在哪里吗?""你知道这样子做会伤害到别人吗?"以此来让孩子确实明白自己的错误。一旦孩子已经看到自己的错误,就应给予关怀,协助孩子思考如何不再犯同样的错误。因此,恰当的纠正包括心理上与行为上的改变,而不是感到内疚的后悔。

## 如何培养道德观念

美国心理学家科尔伯格(Kohlberg)说:"道德认知是可以经由教育历程培养的,儿童早期的道德发展需要父母的指导。"因此,家庭中的道德教育几乎是所有教育的基础。

针对家庭中的道德教育,有些方式可提供参考。首先,请家长试想象家中有哪些细微之处可以提醒孩子,例如孩子坐车时,应该教育他为人开车门是一种礼貌;同时,看到别人跌倒时,应该帮忙扶起来;看到同学在取笑其他同学时,不要加入。其中,在最适当的时机进行教育是最有效的,父母应借机多询问孩子:"如果……你会怎么做?"

另外,也可将许多关于勇气、道德观念的故事植入孩子心中,因为大部分孩子都喜爱故事。当然,家长如果有亲身经历的故事,就更能够启发孩子。这是因为形成道德发展的动力有两点,包括同理心(为他人想)与爱的包容力(爱心本能),所以,亲身带着孩子参与公益活动或访问弱势机构(孤儿院、老人院)或医疗机构,都可让孩子身临其境,多增加一份感受。

## 关怀弱势

对于路旁向人行乞的乞丐或四处兜售玉兰花的小贩，你常是置之不理，而事后却觉得后悔不已吗？姑且不论许多令人生气的“假乞丐”事件，对于社会上的弱势族群——低收入者、身心残障人士、老弱妇孺等，你的心中是否从不存有丝毫的同情呢？有些伟人的志向，即是深入难民营中尽其一生为人服务，并愿意忍受与这些人同等的待遇，而这些都是源自于人类与生俱有的为他人着想的同理心，例如史怀哲与特雷莎修女即是很好的例证。

## 亲子动起来29　日常生活道德教育

### 目的

在日常生活中培养道德情操。

### 方式

借着在家中与孩子相处的机会，教孩子一些基本礼仪，以下是一些日常生活中经常遇到的情形。

1. 同时有人要一起出门时，打开门之后，可先将门固定在打开的位置，当他人走出之后，再将门关上。

2. 吃饭前，应感谢农民辛勤地耕种稻米与蔬菜，我们才有这么美好的一餐，借此教导孩子学会感谢。

3. 吃饭时可为他人夹菜。

4. 妈妈正在辛苦打扫房间时，可主动询问是否需要帮忙。

5. 要主动替长辈开门、开车门或询问是否需要帮忙。

6. 常替父母亲倒茶，因为他们都很辛苦。

此外，父母也可试着引导孩子进行问题的思考：

1. 如果你看到同学偷别人的自动铅笔，你会怎么做？

2. 如果你看到自己的同学在路上欺负小狗，你会如何做？

## 教育孩子

有时，答案可能不止一个，父母应该提供不同的建议让孩子能够有多种思考。

# 亲子动起来30 认识台湾地区少数民族

## 目的

教育孩子关怀少数民族生活及文化。

## 方式

1. 父母先搜集相关数据、图片等，事前研究台湾地区少数民族的概况及其文化资产。

2. 教育孩子认识当地民族是中国的少数民族之一，且各族有各族独特的生活、文化、建筑、服饰等。

3. 了解少数民族现在所面临的问题，及现今当局保护少数民族的措施等。

## 教育孩子

如状况许可，利用假日带领孩子实地访问少数民族的部落，体会当地居民生活。

**台湾少数民族小档案**

| 族名 | 人口 | 特色 |
| --- | --- | --- |
| 赛夏族 | 7 300 人 | 姓氏特殊，以动物、植物、自然现象作为氏族的名号，祭典为矮灵祭。 |
| 泰雅族 | 89 000 人 | 有文面习俗，祭典为播种、狩猎、祖灵祭。 |
| 阿美族 | 139 000 人 | 天性和善而乐天，歌舞文化最为丰富，祭典为丰年祭及海祭。 |
| 邹族 | 7 100 人 | 有优良的鞣皮技术，祭典为敌首祭（凯旋祭）。 |
| 布农族 | 40 000 人 | 以柔美的合音所演唱的歌曲，例如祈祷小米丰收的“八部合音”，还有颇负盛名的 Malahodgian（打耳祭）。 |
| 鲁凯族 | 12 000 人 | 贵族社会，部落头目拥有土地，庶民只是承租头目土地的世袭佃农。 |
| 雅美族 | 4 000 人 | 台湾唯一的海洋文化民族，祭典为大船下水祭。 |
| 卑南族 | 10 400 人 | 文化特色是母系社会，由长女继承家产，祭典为猴祭。 |
| 排湾族 | 10 400 人 | 装饰性工艺，例如木雕、服饰刺绣在台湾各族中可称第一。祭典为五年祭，此外，百步蛇图腾相当著名。 |
| 绍族 | 283 人 | 唯一“湖栖”的渔猎民族，每年举行丰年祭典。 |
| 噶玛兰族 | 300 人 | 母系社会，天性和平，因为居于水滨而喜欢干净。 |
| 备注：台湾地区的少数民族早期有九族，分别为赛夏、泰雅、阿美、邹、布农、鲁凯、雅美（达悟）、卑南、排湾等族。近年来又增加绍族及噶玛兰族，官方数据共为十一族。而许多噶玛兰人的血缘已普遍融入宜兰人当中，目前不少世居宜兰者之轮廓都具有噶玛兰的特征。 | | |

## 亲子动起来31 拜访老人院、孤儿院

### 目的

培养关怀弱势族群的品德。

### 方式

1. 事前与孩子一起了解老人院、孤儿院的功能与定义。
2. 搜集关于老人院与孤儿院的资料，并了解其内部生活。
3. 先教育孩子如何看待这些老人与孩子，并施与平等的观念。
4. 必要时，可准备一些日常用品捐献给该院。

### 教育孩子

1. 让孩子了解孤儿院的幼童与我们并没有什么两样，只是缺乏家人的关爱，因此，应更加关心这些孩子。

2. 捐献日常用品，让孩子了解帮助他人也可以获得快乐。

## 不同的生活体验

一成不变的都市生活容易使人对事情漠不关心，对他人冷酷无情。其实，如果能够暂时跳出原本的生活模式，让新的经验注入原本的生活中，就等于将自己的视野加以拓展，使许多原本想不通的道理在弹指间豁然开朗。这就如同井底之蛙，顿时发觉外头的无穷浩瀚，才是世界真正的面貌。

## 设定人文关怀的目标

许多人都有一颗慈爱的心，但只有三分钟热度，问题是社会需要关怀的角落并不允许中断地对待，因此一种持续关心的精神应建立起来。家长与孩子可以共同设定一个目标，让自己关怀的心不降温，例如每个月固定捐助慈善机构或认养动物园小动物，让孩子也亲身参与。从小培养这样的观念，并养成一种习惯，这对于孩子是最直接的人文发展。

**可带领孩子一起参与的人文活动**

| 类别 | 活动项目 |
| --- | --- |
| 义工活动 | 医院义工、环保义工、自然解说义工、图书馆义工、美术馆义工等。 |
| 关怀活动 | 放生、献血、捐骨髓、捐旧衣物、捐书活动、赈灾活动等。 |

## 亲子动起来32 小小街头观察家

### 目的

和孩子一起借机观察人生百态,对事物有所领悟。

### 方式

1. 利用塞车时间,教孩子认识交通标志、天桥、地下通道或特殊建筑物,凡是马路上的所见所闻,皆可作为随手教材。

2. 可借路边的招牌认识新字,引导孩子环顾四周,培养孩子的观察、辨别能力。例如数一数从旁经过的车子有几种,或是计算路上行人人数,观察行人衣着的颜色、动作等。

### 教育孩子

社会是由许许多多的人、事、物所组成的,每个人都应贡献一份力量。

## 亲子动起来33 体验乡村生活

### 目的

融合乡土教育,体验生活,培养孩子亲土爱乡的情操。

### 方式

1. 家长可事先查询相关乡村资料来规划行程,或直接参加乡村之旅的活动。

2. 带领孩子接触乡土文化艺术，如陀螺、踩高跷、孔明灯、风筝等。

**教育孩子**

乡村生活的淳朴、亲切应多多接触，让精神生活获得滋润。

## 亲子动起来34　感受盲人的生活

**目的**

让孩子体会眼睛看不见的不方便，培养同情心。

**方式**

1. 家长事先为孩子述说盲人的生活，再试着体验盲人生活的感觉。

2. 用手帕将孩子双眼蒙住，由家长搀扶着，开始由家中一角走至另一角。再给一根木棍充作拐杖，也由一角走至另一角。

3. 孩子将会一路跌跌撞撞，虽然看了不忍，但尽量让其走完全程。

**教育孩子**

盲人的生活是如此辛苦，如果路上看到盲人，应给予主动关怀。

## 亲子动起来35　感受残障人士的生活

**目的**

让孩子感受身有残疾的人的不便。

## 方式

1. 家长事前向孩子描述残障人士的生活。

2. 准备一根拐杖，让孩子拄着拐杖只用单脚行走，体会脚残的不便。

## 教育孩子

对于身有残疾之人，应发挥同胞之爱，主动关怀照顾。

# 亲子动起来36 认识死亡

## 目的

让孩子了解死亡乃必经历程，当有亲人逝世时，学习坦然面对。

## 方式

1. 与孩子共同观看逝者生前的照片、札记、作品等，回忆过去生活的点滴，并分享彼此的心情。

2. 找一个盒子，放入些能够回忆起逝者的物品。告诉孩子，每当想念逝者时，可将盒子取出来，回忆与其共同拥有的日子。

3. 若孩子梦到逝者，就表明他对逝者有强烈的思念之情，这时可与孩子分享梦境的内容，让孩子的心情得以舒缓。

4. 让孩子把心情像写日记般地记录下来，对于心灵的压力有稳定缓解的作用。

5. 讲笑话或是开怀地笑，如此能帮助孩子发泄悲恸之情，继续面对未来。

6. 借着画图、捏黏土让孩子抒发情绪。

7. 尽量让孩子大声痛哭，或弹奏自己喜爱的乐器。

8. 当孩子思念逝者而无法专心于课业或其他事情时，让孩子专心怀念逝者，过一阵子再回到功课上。

## 教育孩子

亲人或朋友去世时，虽然悲恸，但是转移一个心境，我们应祝福他们在天堂平安喜乐。

# 亲子动起来 37　安慰他人

## 目的

让孩子学习安慰他人的方法。

## 方式

1. 告诉孩子安慰他人是一种陪伴、感同身受的感情，要站在别人的角度为他人着想。

2. 安慰别人时，千万别站在自己的立场看问题，只告诉对方“这又没什么大不了的”、“你生气又没用”、“哭又不能解决问题”、“不要这么软弱好不好”、“谁叫你当初不听我的劝告”，甚至数落对方的不是。

3. 学习倾听对方的难过和苦楚，让孩子确实为对方设身处地地着想。

## 教育孩子

安慰他人应有方法，如果没有设身处地为他人着想，则容易弄巧成拙。

## 亲子动起来38 捐献、奉献

### 目的

让孩子了解付出比获得更有意义。

### 方式

1. 由父母本身做起，以行动帮助需要的人。

2. 可将已不穿的衣物捐出，或将废纸等免费送给拾荒老人。让孩子帮忙整理这些衣物或是废纸，与孩子一同体会捐献的乐趣。

### 教育孩子

培养一颗善心，学习捐献与关怀。关怀不一定是金钱的，也可以是劝人向善的或服务的，以及使人免于恐惧的。

## 亲子动起来39 冥想

### 目的

学习静下心来思考，关怀他人。

### 方式

1. 父母告诉孩子冥想的用意。因为与天地万物相比，人是渺小的，而世界上也有许多伟大的政治家、哲学家。

2. 冥想不需要任何形式，随时随地都可以进行，重要的是一颗诚心。

**教育孩子**

借由冥想，让孩子了解一个人内心的力量可以发挥至无限大，并且相信只要有善的诚心，自然可以解决一切问题。

## 体验不同的文化

文化是带领人类前进的指标，不同的文化有不同的特色，也象征人文发展的多元性。因此，了解不同的文化正是开阔视野最好的方式，同时借由认识不同族群的特色，引发关怀其他种族的情怀。

在平日生活中，父母其实可以用心发掘周围的不同文化，例如假日可以带孩子至美术馆或民俗馆，参观不同国家或不同族群所展出的文物或艺术品，让孩子更加深入地了解人文的精髓。

### 人文 VS. 艺术

欣赏一幅画、听一场音乐会或看一场戏剧演出，对于人文陶冶都有正面的影响。这也是世界上注重艺术发展的国家或地区，人民总是显得彬彬有礼，且犯罪率偏低的原因。因此，自小让孩子多参加艺术、文化的展览活动，对于消弭暴戾之气有一定的功效。

## 故事的启发

隽永励志的故事很能够打动人心，会使孩子在启蒙阶段种下这些因子，将来有朝一日时机成熟时，就会发芽开花、茁壮成长。

**【文章阅读】史怀哲**

史怀哲9岁时，班上一位黑人小孩和他比赛赛跑，结果史怀哲跑赢了，但这位黑人小孩却淡淡地说："你之所以会赢我，是因为你穿得比我暖和，且每周可以喝两次肉汤。"

这些话听在耳里，让他难过许久，从此不再喝肉汤，不再穿毛衣，并对自己说："在环境及客观因素上赢过别人并不是我的初衷，我要以自然生命力赢过别人。"因此，虽然他在神学、医术、音乐方面都有极大的成就，最后仍毅然选择至非洲行医。

## 亲子动起来40　艺术巡礼——戏剧欣赏

### 目的

借由戏剧欣赏，陶冶孩子的人文素养。

### 方式

1. 与孩子讨论要观看什么样的戏剧，可以是儿童剧、幽默剧或歌舞剧等，依适合孩子接受的程度而定。

2. 走进剧场，演出团体大概都会提供节目单，通常包含有故事简介、工作人员介绍，或是导演、编剧或制作人对本次制作演出的一些想法。记得先浏览一遍，必要时可为孩子解说剧情摘要。

3. 观赏完毕后，可让孩子写一份心得，询问孩子最喜欢哪个角色及最有印象的是哪个剧情。

### 教育孩子

戏剧可以激发人类的想象力，欣赏一出戏剧就等于接受了一次创意的洗礼。

## 亲子动起来41 扮演小老师

### 目的

让孩子学习关怀他人，并培养解决问题的能力。

### 方式

1. 父母准备若干关于生活上、人文关怀上可以与孩子一起讨论的问题，例如："小孩子在家里为什么要做家务？""如何帮忙做家务？""考试考差了，接下来应该怎么做？""别人都在我背后说我很胖，该怎么办？""如何获得健康快乐的生活？如何帮助他人获得健康快乐的生活？"

2. 以对答方式与孩子讨论，父母不要急于给出答案，应倾听孩子的回答，并鼓励孩子扮演小老师的角色，帮助他人解决问题。

### 教育孩子

通过帮助别人而获得的快乐是最大的，如果自己有能力，应该毫不吝啬地帮助他人。

## 亲子动起来42　写一封信到流浪动物之家

### 目的

培养孩子心存感激之心，体察社会有许多公益团体正默默地发扬社会关怀的精神。

### 方式

1. 父母带领孩子参观流浪动物之家，了解其运作与如何照顾小动物。

2. 指导孩子写一封感谢信，感谢照顾这些流浪动物的爱心人士。

### 教育孩子

世上有许多人总是在默默付出，应学会感谢他人。只有付出，才能让世界更美好。

## 亲子动起来43　快乐细胞在跳动

### 目的

让孩子体会真正的快乐来自于帮助他人。

### 方式

1. 父母让孩子列出做哪些事可以让自己快乐。

2. 答案可能有许多种，例如“唱一首歌”、“和爸爸妈妈逛动物园”、“到水上乐园玩”、“看卡通”等。

3.根据孩子的答案延伸，让孩子知晓真正的快乐来自于帮助别人、照顾他人，让别人也获得喜悦，这种快乐是心灵上最大的满足。

### 教育孩子

如果每个人都自私自利，不懂得互相帮忙，就会形成一个冷酷无情、最终必然会走向灭亡的世界。

## 正视科技与人文的平衡

新一代的孩子正享受科技的成果，然而整天面对电脑、电玩、电子宠物、电视，加上网络，对于屏幕内人物打打杀杀的血腥场面他们早已视为家常便饭。尤其在网络聊天室里，可匿名的多重身份让孩子完全享受了说谎的快感，扮演超乎年纪的角色让孩子大胆妄为，整天活在真假难辨的虚妄世界中，早已分不清什么才是现实世界。另外，也有许多人到老年时，失去了生命的意义，唯一的娱乐只有看电视，对其他任何事皆提不起兴趣，更别提培养爱好了。

因此，这一代的孩子没有培养尊重人的态度，假如有位懂得尊重老人的孩子主动帮助老人，反而在朋友群中被视为异类。这实在是一个值得反省的年代，大家都有责任不让人文关怀式微，应该持续将其发扬光大。

若从人文关怀出发，对周围环境、人、事、物充满爱心，那么人就不忍破坏环境，例如不乱倾倒垃圾、不随意制造各种污染、不欺侮小动物，甚或不恶意攻击别人，因而就会有人文关怀的政治家为人民谋福利，有富于人文关怀的宗教家设法让世界永保平安，也有富于人文关怀的科学家致力于改善人类与环境的关系，种种的行为都可以让人类获得进一步的提升。所以，父母如果能认识到此点，让孩子从小做起，将来个个都会成为推动人类进步的中坚分子。

## 第五章

# 培养责任心

所谓责任心，就是自我管理的能力，例如自信心、道德心、自律、自我要求、自我学习、自我提升等。我们许多父母通常都忽略了这一环，造成许多孩子一直到进入小学后仍不会自己穿衣服、穿鞋子。这是因为每天清早起来，父母就把孩子的生活料理得无微不至，从穿衣、洗脸、刷牙到吃饭，可能全由父母服侍，就像伺候国王、公主似的。

所谓“爱之适足以害之”，孩子对于许多事情的蛮横无理，或将事情视为理所当然，毫无感激之心，其实父母应该负大半的责任。笔者在美国求学时，与一位美国室友同住，该位室友吃完饭后从不洗碗盘，搁在水槽后便一走了之，等到累积许多后，他直奔我房间责怪我为何不帮他洗。后来我才明白他在家中时从不必洗碗盘，并视别人帮忙洗为理所当然，这样扭曲的价值观一直深植在他心中。据侧面了解，在家中从来都是他的母亲帮忙整理家务、清扫房间，所以，如此“忘记”培养孩子的责任心，终究要尝到苦果。

## 家长如何在家教导孩子的责任心

在许多情形下都有机会教育，父母的举手之劳可以引导孩子树立正确的价值观。例如在孩子吃完饭后，教他如何洗碗盘，依照分担家务的原则固定时间清洗，孩子只要养成习惯，自然就懂得如何承担这份责任。此外，包括自己收拾房间、自己收拾玩具、自己穿衣、自己洗澡等都是训练重点，这些技巧能有助于增进孩子的责任心，且都非难事。

责任心的养成在孩子的成长过程中是十分重要的。孩子从小就学会对自己的事务负责，不仅可让自己成长，取得别人的信任，同时也能适应环境。但是每个孩子毕竟是有个别差异与需求的，千万别用一套固定的标准来要求所有的孩子，也不要拿孩子互相比较，这样反而会降低他的信心，应该顺应孩子的个性因材施教，并从日常生活中去培养。

### 让孩子承受不负责任的后果

对于孩子粗心的行为，许多父母都狠不下心让孩子为自己的健忘、粗心等行为承担责任。当孩子忘记带作业去学校，忘记带文具用品而遭受处罚时，父母应让孩子承受这些疏忽的行为后果，这样下次他就会注意改进了。

## 建立日常生活规范

制定作息表，一旦制定后，就应该要求孩子切实遵守，且协助孩子依照自己的方法与流程完成自己的计划，并养成“今日事今日毕”的习惯。

## 让孩子保管家中的部分物品，赋予部分工作职责

可让孩子参与家中部分事务的决策，例如如何布置房间、买何种颜色的家具，或选择哪些好的电视节目观看等。也可将扫地、浇花等工作交给孩子负责。

## 带领孩子一起做事

由父母陪同孩子一起做事，教导孩子如何一步步完成该做的事。尤其从小训练孩子分担家务，将可避免孩子养尊处优，借以培养孩子的责任心。必要时，父母应亲身示范，一方面培养孩子负责任的态度，同时也可增进亲子之情。不过，应在适度的压力下培养孩子的责任心，因为过度的压力是有碍身心健康的。

## 时时鼓励孩子

当孩子表现出积极主动、勤勉负责的良好行为时，父母要适时

给予赞赏与奖励，肯定孩子的努力与能力，希望他再接再厉，持之以恒。

**【文章阅读】里根负责任的故事**

从前，美国有一个 11 岁的小男孩，踢足球时不小心弄碎了邻居家的玻璃。为了赔偿人家这块玻璃，这个男孩需要付出 12.5 美元，但在那个时代，这些钱可以换来 100 多只下蛋的母鸡。当闯了大祸的男孩向父亲认错后，父亲将责任推还给小男孩，要他自己付钱。男孩当然没钱赔人家，父亲就答应借给他 12.5 美元，但是在一年后必须归还。于是，男孩只好一边读书一边打工，终于在一年里挣足了 12.5 美元还给父亲。而这个男孩，就是后来的美国总统里根。当他在回忆这件事时说："通过自己的劳动来承担过失，将使人更懂得什么叫做责任。"

## 亲子动起来 44　小小整理家

### 目的

让孩子养成自己整理物品的习惯。

### 方式

1. 由父母准备小巧可爱的"记事本"，事先拟好表格，例如明日携带哪些课本、文具用品、美劳作品等。

2. 督促孩子于每日睡前依据记事本的内容检查明日需带的物品，孩子只要在记事本各个项目中打勾即可。

### 教育孩子

有良好的整理习惯会让事情变得有效率，并且不容易出错。

## 亲子动起来 45　金钱管理大师

### 目的

培养孩子金钱管理的概念，并能够妥善运用。

### 方式

1. 父母为孩子开立一个账户，或者依附在父母名下。

2. 教导孩子储蓄的观念，并告诉孩子管理金钱是一项责任。

3. 注意孩子的金钱使用情况，尽量不让孩子一次有较大金额的使用，并慢慢让孩子以自己的金钱付自己的费用，以建立自食其力的观念。

### 教育孩子

当用则用，积少成多，购买各项用品时应事先想想其必要性。

## 档案整理

什么是档案？简单来说，就是将资料收集成册，目的是方便未来翻阅，方便找寻曾经收集到的资料。想象一家公司或学校借由档案介绍自己，如果是经过整理的档案，会让观赏者马上进入状况，迅速了解该单位欲传达的信息。相对地，没有系统的档案介绍，则会让人感到迷惑，并使人感觉杂乱无章，没有规则可循，进而影响对该单位的印象。

对于孩子而言，学习档案的整理可以有下列三种功用：

1. 训练孩子资料保存、收集的习惯。

2. 训练孩子自我组织、管理的能力。

3. 培养孩子独立思考的习惯。

孩子档案的内容可能不外乎照片、图画、笔记及某些特别的资料等。举例来说，如欲将参加某次活动的资料整理成档案，可视实际情况依主题、时间先后或人物作有次序的整理，如果是有照片的项目，则最好记录下拍照的时间、照片内容等。有时资料过多则应训练孩子作有意义的筛选，不必全部存放。

一本整理完成的档案，不但会使孩子有成就感，而且能够在让其他人欣赏时达到沟通与传达信息的效果。

**档案整理范例**

| 主题 | 谷关温泉一日游 |
|---|---|
| 次序 | 1. 行程记录。<br>2. 照片叙述。<br>3. 索取当地的资料存放。 |
| 感想 | 叙述此次行程的感想，将特别值得回忆的事情写下来。 |

## 亲子动起来46　全盘整理

### 目的

训练孩子分门别类的技巧，将各种杂乱的资料重新整理。

### 方式

1. 父母将凌乱的资料摆放桌上（例如各式各样的旅游简介）。

2. 先与孩子大略阅读一遍，与孩子讨论以什么方式分类。例如：以主题分类（如水上游乐、山野游乐或乡村游乐等），或以地域分类（北部、中部、南部、东部）。

3. 若有去过的地方可加以注解，记录日期、感想等。

4. 依次序、类别一一放入资料簿中。

### 教育孩子

一份经过整理的档案会带给人成就感，同时妥善运用，就会是一本具有相当大功能的参考资料。

## 多给孩子发言权

将孩子当做自己的朋友，在传统的东方社会是比较少见的，但在西方，父母常能坐下来与孩子像朋友一般地谈天说地，而这样的心灵沟通能够让孩子获得安全感。其实，这并非一件难事，主要看父母是否愿意用心当一位倾听者。

在我国，受传统理念的束缚，很多家长在主观意识上存在着严重的父权、母权思想。动不动就说“大人的事，小孩别管”、“大人讲话，小孩别插嘴”之类的话，这怎能不产生代沟，怎能让孩子与你畅所欲言呢？小孩何尝不愿意快点成长，如果给他机会发表个人意见，他就会懂得让自己表现得体以获得尊重。这样的机会对父母来说，可以说是举手之劳，但对孩子来说，却是弥足珍贵。

## 责任心与压力管理

有责任心固然是好事，但是若是孩子太有责任心，使得学校同学的大小事都请他做，孩子又不懂得推辞，就会搞得自己狼狈不堪。其实，这并非责任心的表现，而是没有认清自己真正的职责所在，因而造成没原则的窘境。

也有一些具有相当责任心的孩子，凡事务求做到完满，令其他同学或师长赞赏；但相对地，若没有完满，便容易出现高度焦虑、情绪急躁、心情低落等状态，结果弄巧成拙，进而影响正常生活作息及人际关系。父母如果遇到这样的情形，应该帮助孩子纾解压力，不管是听音乐、运动还是户外活动，都可帮助孩子恢复正面情绪。同时也应教育孩子靠智慧解决问题，而非只靠一股蛮力毫无原则地承担。

## 亲子动起来47 布置小房间

### 目的

给孩子发挥的空间，让孩子拥有自己喜爱的摆设空间，对自己的生活负责。

### 方式

1. 父母与孩子讨论孩子房间的重新布置，有些可让孩子做主选择喜爱的特色，例如色系、装饰品等。

2. 适当地满足孩子要求，购置新的家具以满足重新移动摆设的需要，例如书架、置物柜、玩具整理箱等。

### 教育孩子

与孩子约定这是为其量身打造的房间，其有责任随时维护房间的整齐与清洁。

## 亲子动起来48　清扫日

### 目的

让孩子有机会与全家人一起分担家务，体会分工合作的意义。

### 方式

1. 利用年终大扫除或客人来访前夕，安排一次家中大扫除。

2. 视孩子的年龄与能力，分配孩子做适当的工作。

3. 明确工作范畴与清洁条件，完成后若仍然不够理想，可请孩子再做一次并说明原因。

### 教育孩子

家务应是家中成员共同分担的，若不同心协力，家庭就不会温暖。

## 亲子动起来49 目标大挑战

### 目的

让孩子设定一个目标,力求突破。

### 方式

1. 与孩子约定一个计划,例如“三个月读完《哈利·波特》”、“15 秒跑完 100 米”、“一口气做完 50 个俯卧撑”等,向一个目标挑战。

2. 家长应时时陪伴孩子完成目标,并常给孩子打气,适时奖励孩子。

### 教育孩子

向自己的极限挑战,往往能够激发无限的潜力,完成后,就像尝了美味可口的果实那样甜蜜。

## 亲子动起来50 饲养宠物

### 目的

体会饲养动物的感受,培养照顾动物的责任心。

### 方式

1. 父母先研究家中的环境适合饲养哪种宠物,并研究周围环境是否有适合带领宠物活动的空间。

2. 教育孩子宠物就像人一样,有喜、怒、哀、乐,如果被虐待或遗弃,它会非常伤心的。因此,若欲饲养宠物,就不可只有三分钟的热度，应该有责任心地陪伴它、训练它，将其视为家中的一份子。当然，也要告诉孩子，宠物是很可爱的伙伴，如果善待它，就会获得贴心的回报。

3. 让孩子亲身参与购买饲料、布置宠物的家，以及如何饲养等细节。家长借此与孩子订出规约，例如喂养的责任归谁、清洁的责任又归谁等。

4. 饲养过程中必定会面临许多意想不到的难题，例如宠物随地大小便、抓破沙发、生病等，家长应教育孩子不慌不忙地解决这些问题。

**教育孩子**

细心照顾小动物可以认识动物的各种习性，亦可与它们成为贴心的伙伴。不随意丢弃宠物，就是责任心的表现。

## 父母以身作则

培养孩子责任心最直接、最有效率的方式，便是父母以身作则。父母处理事情时，遇事不推诿、勇于承担，则孩子在耳濡目染之下，自然能够仿效；相对地，若大人遇事推诿，总是寻找各种借口搪塞，孩子便会发挥快速学习的本能，采取同样的方式对待父母，与父母处理事情的方式如出一辙。所以，下面这样的亲子对话，一定不陌生吧！

父亲：“叫你做事每次都推三阻四，一点责任心都没有！”

孩子：“上次妈妈要您把车子洗干净，结果两星期过去了，车子还是脏兮兮的，您一样没有责任心呀！”

是不是羞得面红耳赤呢？一则电视广告说得好："要刮别人的胡子之前，要先将自己的胡子刮干净。"

与孩子"约法三章"是必要的，明确哪些事该共同遵守，例如要做完功课后才能看电视、一天只能看1小时电视、每天帮妈妈做1小时家务、晚上10时准时上床睡觉等。若孩子明知故犯，则不可心软暂时原谅，也不可因为自己一时的情绪高低而扭曲事实，影响赏罚标准，因为孩子这次如果进了一寸，下一次就会想进一尺，届时就不可收拾了。

## 多鼓励孩子

天下父母莫不希望自己的孩子处处优秀，样样比别人强，但一样米养百种人，每个孩子皆有各自的优缺点，父母应坦然接受孩子的缺点，发掘孩子的优点。不要一味挑剔孩子表现不好的地方，例如"三岁小孩都比你好"或"你怎么那么笨"等语言，这样已经受到挫折的孩子，再听到父母的气话，就会觉得自己反正天生就笨，再努力也没有用。

因此，负面的讥讽责骂只会产生反作用，试着换另一种方式，多给孩子正面的鼓励。当孩子有优秀表现时，要对他表示赞赏；若表现不尽人意，就告诉他："我知道你已尽力了，这样的结果也还不错啊！下次再加一点油就行了！"

把某一项家务交给孩子负责，也能让他体会到自己对家里也能有所贡献。当孩子做得好时，父母要告诉他："你好棒，帮了爸爸妈妈一个大忙，让爸爸妈妈有喘息的机会！"通常孩子会因为这样的一句话而高兴许久。

父母平时也别忘了多赞美孩子，多给孩子获得成就感的机会，例如鼓励孩子参加各项竞赛等。父母将会发现，在自信心的驱动下，孩子的实际表现会愈来愈好。

## 亲子动起来51　角色扮演游戏

### 目的

让孩子了解各种职业的状况及职责。

### 方式

1. 父母选定几种鲜明的角色，例如交警、医生、老师、消防员、飞行员等，如果可能，可自行制作或采选类似服装与相关配备。

2. 父母与孩子以对答或实境方式互相扮演对等角色，例如父亲先扮演交警，母亲与孩子则扮演开车的驾驶员，让孩子观察交警需要负担哪些职责。扮演完后角色对调，让孩子亲身扮演一次交警。

3. 父母也可以实地演练的方式让孩子充当父亲或母亲角色，例如煮饭、做家务、整理打扫、支付账单等，让孩子稍稍体会父母的重责与辛劳。

### 教育孩子

每一种职业都不分贵贱，皆有其神圣性，所以，应予以尊重，相信只要努力，都能得到应有的回报。

## 第六章

# 团体生活与抗压能力训练

现代家庭孩子比较少，许多孩子在家里经常都是自己一个人玩耍，加上父母的宠爱，孩子就会渐渐萌发“一人为大”的心理。只要有其他亲友的孩子来家里玩，就一定会有抢玩具的戏码上演，而且显而易见，十之八九都是自己的孩子不对。然而对于孩子这样的行为，父母却无可奈何，因为并非父母不正视此事，相反地，已经纠正过孩子好几次却仍没有什么效果。

改善上述情形的最佳方式，便是让孩子适应团体生活，在团体生活的同伴互动中，自然改善自己的行为。事实上，团体生活是人格发展中很重要的一项因素，也就是说，一个孩子如果在团体中适应良好，并且受到欢迎，那么这样的孩子在人际关系的处理上，必定能为大家所接受。相对地，一个孩子在团体中如果无法被大家所接受，纵使他的成绩、才艺表现都很好，也弥补不了他的失落感。此外，有些孩子因为天生的缺陷、学习障碍，或者外观异于他人，可能会遭到同伴的排挤，自然也较难适应团体生活，而这样的孩子则应该先由父母建立其自信心。

**高度适应团体生活与低度适应团体生活的儿童特质比较**

| 适应性 | 人格特质 |
| --- | --- |
| 高度 | 健康、精力充沛、活泼、积极正面、体谅他人、有同情心 |
| 低度 | 易怒、自我意识强、焦虑、缺乏自信、攻击性强 |

## 团体生活有助于孩子的学习

时代越进步，信息互动越频繁，孩子越能从更多元的角度学习到知识。除了家庭之外，学校也是获得知识的主要来源，但孩子所学习到的知识却不见得只是来自老师单方面，在许多情形下，是由同伴间的互动学习而来的。举例来说，当教师在教室中讲解一道题目后，要求学生马上练习，其中一位学生不会做，坐在他身旁的学生马上对他讲解，他便立刻开通，这便不是只有老师教会这位学生，而是老师与同学各占一半。所以，良好的团体生活可以计孩子学到同心协力的精神、服从纪律的真义，并吸收到更多元的知识。

## 同伴合作竞争的微妙关系

同伴之间的关系是相当微妙的，既是合作者，又是竞争者。其实，借着同伴间的互动，也可以达到自我提升的目的，而这样的环境最为真实且效果最佳。当然，并非每个孩子都能够适应和同伴一起的生活，倘若孩子在所有同伴中一直表现不佳，那么他便有退缩的可能，接下来便会一味反抗，拒绝接触朋友，最终形成一种恶性循环，加上在同伴身上又得不到正面的回应，孩子自然只有更加沮丧与自卑。

当然，先前已经说过，同伴也可带来合作。一群小朋友共同完成一大幅画、接力赛、戏剧表演或合唱比赛等，都可以在互相合作中获得成长。如果家中的孩子已经进入学校就读，自然就会有许多机会与同伴互动，此时，家长应该多加注意孩子在学校的人际关系、与其他同学相处的情形，并站在协助者的立场，多鼓励孩子参与如上述所提的团体活动，或者鼓励孩子邀请同学到家中做客，这一方面可让孩子尽主人之谊招待其他同学，一方面家长也可更进一步观察孩子与其他同学的互动情形。

学生获得知识的方式

## 家长如何指导孩子适应团体生活

在家中的确较少有机会训练孩子如何学习适应团体生活，但孩子进入就学阶段后，家长便可以通过各种方式让孩子学习与其他同学更好地相处。首先，当父母有余力时，可以陪孩子上学、下学，了解学校环境，协助指导整理书包、服装仪容。若孩子刚由幼儿园毕业，准备升入小学一年级阶段，父母也应在平时实施所谓的“衔接教学”，帮助孩子适应小学生活。另外，利用周末、假日到学校认识环境、了解教室布置，让其对学校产生熟悉感，并于开学前几周多花点时间陪孩子写字，指导孩子握笔姿势，培养定时作息的生活习惯，如此便可减缓孩子的内心压力和胆怯，相信对孩子会有所帮助。

在日常生活中，父母也可借由接触社会的活动训练孩子许多团体生活的规范，例如坐地铁或公共汽车时学习排队、到电影院看电影时懂得不惊扰他人，或不在公共场所制造噪音，不乱丢垃圾等。

## 亲子动起来52 充当小记者

### 目的

让孩子了解在团体生活中每个人都有特长，只要好好发挥都能有所成就。

## 方式

1. 家长设计一个表格，表格中设定各项特长。

2. 让孩子充当小记者，将此表格带到邻居家中或学校，孩子借由访问同学或邻居，将各项特长的名字一一填入。

## 教育孩子

当孩子完成时，适当给予鼓励，并告诉孩子每个人都有特长，都不可忽视自己的特长。

**特长表格范例**

| | | | | |
|---|---|---|---|---|
| 讲故事专家 | 户外运动专家 | 体育运动专家 | 棋类专家 | 写日记专家 |
| 种植植物专家 | 写字专家 | 阅读专家 | 乐器演奏专家 | 解决问题专家 |
| 独立完成事情专家 | 解谜专家 | 画画专家 | 美食专家 | 旅游专家 |
| 自然科学专家 | 问问题专家 | 领导专家 | 钓鱼专家 | 养小动物专家 |

# 亲子动起来53 学习排队

## 目的

让孩子明白团体生活的井然有序。

## 方式

1. 家长借由外出办事带领孩子到公共场所，例如邮局、银行、公私机关，或者搭乘各种交通工具，教导孩子排队的必要性。

2. 说明插队是不应该的行为，是缺少教育的表现。

### 教育孩子

无论上下车、购物、开车、行走，都有机会排队，所以，父母必须告诉孩子排队的重要性，唯有排队交通才会顺畅。

## 孩子为何无法适应团体生活

如本章开头所述，许多孩子在家养尊处优，生活起居全由父母照顾，自己不必动手，一旦到了学校，发现处处需要自己动手，明显的落差让他们充满了挫折感，遂无法独立完成学校课程所安排的训练。如果要追根究底，探索孩子到底在学校出了什么问题，必然可以发现一些现象都是我们所熟知的。首先，学校的教学一成不变，教材、教具无法吸引孩子，使孩子上学的兴致减低，不喜欢上学。再者，孩子在学校与同学产生摩擦而不想去上学，例如受同学欺负或者做了亏心事被同学看见，遂害怕同学向老师告状后会被处罚，就干脆借由不去上学躲避处罚。另外，有些孩子刚开始对于环境不熟悉，容易引起紧张、焦虑、不安和精神疲劳，让孩子觉得上学很痛苦。最后，孩子在学校听不懂老师的话，无法完成老师交给的任务，便会造成心理压力。

**【案例分析】冬冬上幼儿园的第一天**

今天是冬冬第一天上学的日子，由于父母时常搬迁，直到 6 岁才让他进入幼儿园就读，因此冬冬今天直接进入大班就读。

冬冬心情极度兴奋，迫不及待想要认识新同学，吃完早餐，由妈妈载着他到学校,走进教室后妈妈与老师交谈了一会儿后便离开了。

冬冬兴奋地在教室里奔跑,对所有事物都感到新鲜,直到老师请他坐下,他才心不甘情不愿地回到座位上坐好。但当他看到其他新同学走进教室时,立刻忘记了老师的规定,飞奔至同学面前给予热情的拥抱,结果将被抱的小女生吓哭了,而老师也罚他站到墙角去。

午餐时间,他发挥在家中喝汤的本领,故意发出很大声响,并假装用汤漱口,惹得全班同学大笑,但老师却气急败坏,将他斥责了一顿。下午上绘画课时,冬冬又发现可以用蜡笔涂出许多色彩,兴奋地将邻座同学的画纸也随便乱涂,惹得邻座的同学大声哭喊,结果又被老师叫到门外罚站。

这时冬冬感到非常沮丧,也非常气愤,他不懂老师为何惩罚他,同学为何不喜欢他。直到回家时,他告诉妈妈学校不好玩,他再不想去上学了!

## 解析

许多孩子从未接触过团体生活,并不懂何事该做、何事不该做,也不知道别的孩子是什么想法,完全按照自己在家中的生活习惯行事,结果造成行为上的极大落差。不过,冬冬的上述行为发生时,老师应该给予适当的回应,耐心教育孩子在哪里犯了错,而非只是一味地处罚。

相同地,父母在送孩子进入团体生活之前,就应该帮助孩子建立团体生活的规矩及观念。虽然团体生活的概念在家庭中较难灌输，但有一些学习活动是可供参考的。

1. 家长经常给孩子灌输解决问题的方式，例如："教室中若有同学争吵，应该如何解决?"

2. 未经允许，不可拿别人的物品，或碰触他人物品。

3. 别人若不高兴时应该停止与之玩耍。

父母认真地了解孩子，常对孩子作有效评价，可让父母更能对症下药。例如，当父母观察到自己的孩子是属于较为内向的性格时，可以让他在较为静态的活动中发挥所长，建立其自信心，再带领他以轻松的方式多接触人群。相对地，面对较为活泼好动的孩子，也应用与其对应的方式对待他。

**对孩子的评价表**

| 项目 | 内容 |
| --- | --- |
| 描述主要的人格特质<br>例如：主动的、被动的、乐观的、焦虑的、有责任心的、多疑的 | |
| 列出三项优点 | |
| 列出三项缺点 | |
| 个人风格<br>例如：时常/很少幽默，谨慎/冒险，疏离/亲密，自省/直觉，主动/被动，沉默/活泼 | |

孩子从学校回来之后，父母可以观察孩子的表情，或者引导孩子聊聊学校所发生的事，并分享孩子的快乐，或分担忧伤。例如："老师今天夸奖我的数学题全部算对哩!""今天张小琴告诉我她要搬家了，我好难过……"从彼此的交谈中，让孩子感觉上学是一件

开心的事,可以学到许多事情,交到许多朋友。因此,父母的关心、支持与肯定,便是激励孩子学习、适应团体生活的最强动力。

## 领导统驭的能力

在团体生活里有的孩子表现出众,获得大家的掌声;有的总是惹是生非,让人嗤之以鼻。为何会有这样大的差别?其实这与孩子从小的家庭教育有着密不可分的关系,一个善于教导孩子领导统驭的家庭必定有许多基本的教育原则,父母在教育孩子上皆有共识。首先,对孩子必须“说清楚、讲明白”,例如,家长要求孩子除庭院的杂草,那是否包括捡石头、扫垃圾或修剪树枝呢?一个清楚的定义能让孩子确实执行交付的任务,即使未能完成而受到指责也会心服口服。有原则、很彻底、很完整,领导统驭的基本原则也就尽在其中了。另外,组织力、诚信力、服务力、沟通力也是指导孩子、培养孩子领导统驭的不二法门,以下一一说明。

### 组织力

前一阵流行某日本电视节目,由观众报名组队参加各种不同的表演,有的模仿暴风雪的现象,有的模仿篮球比赛现场,抑或火车过山洞的情景。各种景物、角色皆是由人装扮而成,有时惟妙惟肖的造型不禁让人叹为观止,有时一个队伍动辄便数十人,展现出了集体高度的默契,他们合作无间,每个人都扮演小螺丝钉的角色,微小却关键,最后获得成功。

其实在节目中也可以发现:不少参赛的队伍都是全家大小共同参加,每人分饰一角,相互协助,同心协力,最后将奖杯抱回。我们可以想象在准备的过程中,全家人必须经历各种协商,其中也不免有冲突、失败、绞尽脑汁和沮丧的经历,因此,他们表演完的一刹那,大家不禁都抱头痛哭,个中滋味唯有当事人能够体会。

建议家长可以设法寻找这样的机会,全家人共同参与学校、社区或机关举办的表演活动,这是训练孩子组织能力的最好时机。若家中环境允许,家长也可邀请孩子班上的其他同学及家长到自己家中进行戏剧表演,或者租借社区场地进行表演都是可行的方法。

## 亲子动起来54 戏剧表演

### 目的

让孩子参与戏剧的编排、表演以及各项准备事宜等,训练其组织能力。

### 方式

1. 家长利用家长会时间提出构想,获取班上家长的支持。

2. 让孩子进行规划、发函、经费预估等,并将孩子分组,让孩子全程筹划,而家长只站在协助的立场。

3. 班上家长与孩子共同分组编排戏剧,同时不忘邀请评审、制定奖项,并邀请其他班级同学欣赏。

### 教育孩子

每个人担任的职务都很重要,唯有大家分工合作才能让节目圆满完成。

## 诚信力

即使在教导无知的小孩子时，父母也不可以用哄骗的方式，更何况是在一个团体里，一旦失去互信基础，领导威信也就大打折扣。所以，父母如果从平时就教导孩子诚信的原则，即使是小事都不可欺骗，那么孩子在学校便能够深孚众望。

**【文章阅读】曾子杀猪**

曾子的夫人准备上街购物，儿子哭着要跟着去，曾妈妈便哄孩子说："你不要跟着去，等我回来，杀猪给你吃。"于是，孩子乖乖地跟爸爸曾子待在家里。

不久，曾妈妈从街上回来，曾子便要捉一头猪来杀，他夫人阻止说："我不过是跟孩子说着玩的，不是要真的杀猪来吃。"曾子生气地对夫人说："不可以和小孩说着玩，现在你欺骗他，等于是教他欺骗。妈妈欺骗儿子，儿子就不信任妈妈，这不是教育的方法。"说完，便依原来的计划杀了猪，并烹煮猪肉给儿子吃。

## 服务力

借由与孩子参与社区服务的过程，让亲子一同学习如何做好服务时的规划及分享服务后的心得与乐趣，全家人一起建立"服务"概念，建构宏观的视野。同时让孩子养成从小主动分担家务、服务家人的责任感，也能帮助孩子建立服务的美德。父母也可以用许多比喻让孩子更明白服务的真义，如服务的精神就像萤火虫发光照亮他人，让人在黑暗中不畏惧、不彷徨。

服务的观念是一个由外在学习转变成内在自觉的过程，孩子如果不是有目的地去服务他人，而是从心眼儿里愿意无回馈地服务，那么就能具有领导者的风范。

## 沟通力

孩子的沟通或表达能力决定了其在团体生活中能否受到重视，很明显，表达能力佳的孩子总是受到较多的瞩目，并且根据研究显示，表达能力佳的孩子在其他方面也比表达能力不佳的孩子有较突出的表现。但笔者强调：表达能力佳并非逞一时口舌之快，而是能将意思清楚表达，听者能够立即领会，如此而已。因此，家长在家训练孩子的重点是让孩子充分表达想说的话，自己当孩子忠实的听众，如果孩子表达不清楚，请孩子再重复说明，直到大人明白为止。

有些孩子在先天或后天出现一些口语的沟通障碍，这些先天的障碍其实都可通过手术或矫正恢复正常，家长不可忽视。兹将这些语言障碍简述如下。

1. 口吃：很难发出声音，一旦出声速度太快，一句话中一直重复着同一个字，如："我我我我要告诉老师啦！"有时也会不正常中断，如："今天(停顿三秒)，有小狗跑进教室！"同时，口吃也会使表情有些怪异，如张口、闭眼、甩头等。

2. 咬字不正：由于唇舌协调不当，无法正确发音，或像是含卤蛋或鼻音过重等。

3. 音色异常：如沙哑、粗糙、音调高低不一等。

4. 用字不正常：如“我吃饭在家里”，其实欲表达“我在家里吃饭”。“一只狗骨头在啃”，正确为“一只狗在啃骨头”。

**语言发展迟缓指标**

| 年龄 | 症状 |
| --- | --- |
| 2 岁 | 尚无任何话语能让人听懂。 |
| 3 岁 | 无法说出一个完整的句子，或句子含糊不清难以理解。 |
| 5 岁 | 句子结构明显错误，或词不达意。 |
| 5 岁以后 | 话变少，言语不清。 |

**一般语言发展阶段**

| 阶段 | 年龄 | 说明 |
| --- | --- | --- |
| 1. 语言前的叫声期 (Prelinguistic Vocalization) | 2 个月前 | 无意义的叫声。Ostwald 发现：胎儿在子宫内就有实际的发声现象。 |
| 2. 喃喃学语期 (Babbling) | 2～3 个月 | 喃语期的发音变化显著地增加，但这与真正的说话较少关联，婴儿必须一再地学习才能把语音串联在一起成为真正的语言。 |
| 3. 模仿期 (Imitation) | 4～6 个月 | 能模仿自己所听到的声音。此为婴儿一种自娱的享受，但在整个语言发展过程中可以说是学习正式语言的重要基础。 |
| 4. 始语期 (First Word) | 1 岁左右 | 第一个有意义的词汇（如爸爸），此时期幼儿的语言多说出单音词。 |
| 5. 双语句期 (Two - word Sentence) | 2 岁左右 | 约 50～100 个词汇，大约是两个语句（例如妈妈——抱）。 |
| 6. 构句发展期 ( Development of Syntax) | 2～3 岁 | 由简单句进步到复合句，幼儿用复合句时，对于表示关系的连词发展是相连带的。 |

综观这些语言障碍，脑部受伤、生理障碍、心理障碍、环境压力、学习因素等都是主因，目前许多大型医院都附有语言治疗科（有些属于复健科或耳鼻喉科），合格的语言治疗师能够掌握孩子的病因。若家长发现孩子有类似症状，应遵循以下方针：

1. 及早发现及早治疗。

2. 手术或药物治疗。

3. 父母在家帮助孩子训练感觉运动或进行发声训练。

4. 提供舒适环境，让孩子在无压力的状态下治疗。

会影响儿童语言发展的因素有：

1. 年龄方面。

2. 智力方面。

3. 性别方面。

4. 兄弟姊妹数方面。

5. 社会经济地位方面。

6. 亲子互动方面。

7. 家庭中主要使用的语言。

8. 接受学前教育经验。

9. 城乡方面。

## 亲子动起来 55　你是领导者吗？

### 目的

让孩子观察分析领导者具有哪些特质。

## 方式

1. 请孩子以班上同学为例，试着想想看班上优秀的干部（班长、副班长……）有哪些特质。

2. 父母准备纸笔请孩子列出这些特质。

3. 父母与孩子讨论如何学习这些特质。

## 教育孩子

学习这些特质并不难，如果具有这些特质，即使未来不是领导者，也会对社会有相当积极的贡献。

**一般领导者的特质**

| | | | |
|---|---|---|---|
| 口才好 | 公平 | 善良 | 有威严 |
| 责任心 | 有包容力 | 人际关系好 | 有幽默感 |
| 有创意 | 服务热忱 | 乐观进取 | 有耐心 |
| 善解人意 | 勤劳 | 反应佳 | 沉着解决问题 |

# 抗压能力

根据美国两位心理学家 Brooks & Goldstein 的长期研究，培养孩子自我处理压力与挫折，远比培养孩子学习高人一等、成就高人一等重要许多。一位平步青云的企业家可能因为经济一时低迷影响公司运营而走上绝路，殊不知峰回路转就在不远处。相信这位企业家一定有相当的智慧，也曾付出相当的努力，但却缺少忍受挫折的能力，白白断送了生命。

每个人小时候都可能有许多不愉快的经历，长大后我们不一定因这些经历而陷入无助与悲伤中，反而从这些经历所获得的教训中受益良多，并获得不断的提升与成长。例如车祸的经历，如果你曾发生过车祸并受伤，那么每次经过你发生车祸的地点时便觉得心有余悸，因而往后开车时就会特别小心。笔者就曾有这样的亲身经历，小学的时候因为某些误会而被老师视为坏学生，在一次班上的集会中还当众被老师侮辱了一顿，于是之后我告诉自己一定要在每次考试中考好，扭转老师对我的印象，从此每次的考试成绩总能保持在前五名。这种"化逆境为顺境"、"化悲痛为力量"的经历得自于将负面情绪转化为正面情绪的思维。

如果你的孩子一直在顺境中成长，不一定表示他今后将一直幸福，反而常遇挫折的孩子长大后较能抵抗各种困境。父母应适时放手让孩子跌倒后再爬起，这样的过程比任何结果都来得重要，切记，在跌倒中学到的成长远比顺境的成长有价值。因此，身为家长应有共识，那就是学业的成就并非人生全部，真正持续带领自己向前走的反而是一连串不断的逆境挑战、不断的挫折遭遇，孩子在面对挫折时所持的心理状态才是迈向成功的条件。这种心理状态与顺境获得的成就不同，它是一种成熟的、不浮夸的稳重，与此同时，这样的人已培养出了抗压的相关能力。

1. **解决问题的能力**：他能果敢地作出决定，遇到问题能够找出最适当的解决方式，不急不缓。例如，当一群孩子看到一只小猫钻进墙缝中不肯出来时，大家便合力想办法要让它出来，有人拿竹竿伸进缝中，却反而使它往里面躲得更深，有人欲用自己的身体往里头钻，却磨破了自己的皮，只有一位小朋友在大家筋疲力尽想要放弃时，从家里拿了鱼松来，轻易地就将这只小猫引诱了出来。原来他从早上上学时就发现这只猫躲在此处，经过了这么长一段时间想必它早已饥肠辘辘，因此想出了这个点子。这便是孩子经过细心观察，仔细推断后所作出的正确决定。

2. **全部放下的能力：**有些孩子对于输了一场比赛一直耿耿于怀，整天闷闷不乐，回到家中接连吃不好、睡不好，心思总是处于刚比赛完的悲伤状态中。对于此类的孩子，家长应加以开导，总是回头看无济于事，唯有往前看才能解决问题。

3. **坚决相信能够走出一条路的能力：**“天无绝人之路”是大家耳熟能详的至理名言，但仍时常在报纸社会新闻中看到令人震惊的标题，例如“为了几万元的债务携儿跳楼自杀”。其实，父母应以身作则创造积极、乐观、愉快的身心，告诉孩子只要有心，任何问题都可获得解决；并且也应放手尝试让孩子挑战一些艰难的事物，体会“逆境”的感受。

## 亲子动起来56　打败痛苦

### 目的

体会痛苦，借由决心克服痛苦。

### 方式

1. 让孩子列出五项令他感到沮丧悲伤的事情，例如数学考不好、被老师责骂、赛跑没进入决赛等。

2. 以积极乐观的态度说：“我一定可以克服，我一定可以战胜痛苦，虽然现在失败了，但我有信心有一天一定可以战胜。”

## 教育孩子

痛苦虽然悲伤，却也是另一种转机，只要有决心，这些痛苦必能很快就过去。

## 自信心

所谓自信心并非桀骜不驯的态度，也不是处处要比别人强的观念，而是充分了解自己的优缺点之后所散发出来的处世态度。这样的孩子能够善于表现自己的优点，学习他人的长处弥补自己的缺点，重要的是，这样的孩子不管自己原本的能力有多差，总有源源不断的学习动力。因此，父母可先了解自己孩子这方面的状况，适时加以教育。此外，在本书末《测试三》中特别提供孩子自信心测量表，您可借此测量出孩子的自信心有多少。

## 反思

许多父母都有一种矛盾情结：明知道自己的孩子必须尽快适应团体生活，期望能发展更健全的人格，能衔接未来社会的生活，但看到前一阵子国外学生杀人事件层出不穷，且手段日新月异，都不禁忧心不已。国外许多家庭宁愿选择在家自学，这些父母认为学校同伴间互动所产生的负面影响，远比正面影响来得大，所以，宁愿在家自己教孩子。

的确，拜科技所赐，许多副作用相继而来，例如网络聊天室让孩子找到抒发的渠道，但却是扭曲的发泄，因为在网上没人知道谁是谁，各种夸大、欺瞒、谩骂就充斥其中，许多粗俗用词在这些尚未能判断是非的孩子口中早已见怪不怪。有时，孩子在网上聊天受到他人恶意的语言攻击，在无适当的辅导情况下使用自己的方式寻找解决方法，反而促进事态的恶化。

其实，网络本身没有错，有错的是使用者的心态。也就是说，科技带来的便利是值得肯定的，只是如何导向正确的使用，这是需要所有人共同深思的。

## 第七章

# 培养创造能力

根据日本一项针对 21 世纪所需人才的问卷调查结果显示，各企业需要其新进职员拥有的特质里，“创造力”占第一名。有近一半的受访企业认为，有创造力的员工最受公司欢迎，也就是说，源源不断的点子是稳固企业基础的因素之一。

印度圣哲奥修说：“创造力便是摆脱所有的制约、所有的思维、原有的生活习惯，一切归零，重新出发。”创造力人皆有之，需要的只是大胆的勇气。僵化的传统教育让我们摆脱不了旧思维，因此，只有极少数人能够脱颖而出。创造力其实是一个有趣的课题，一种探索更极致、更多元的空间的能力，自古以来，知名的画家、音乐家、艺术家、诗人、舞蹈家、小说家无不靠着创造力，摆脱旧思维，绽放出最耀眼的花朵。

有创造力的人在心里是自由的、不受拘束的。以此观点延伸，轻松自在的人才可发挥创意，而心灵受到禁锢的人则无计可施，正如同以利益为前提的人，被欲望缚手缚脚，自由的心灵早已受到牵绊。例如一位画家在未动笔绘画之前，便想着这幅画要赚多少钱，那样只会让他所有的创意消失，也就绘不出一幅好画了。唯有心无旁骛，才可发挥创造力。奥修也说：“创造最基本的特质，就是和谐地与自然共处，与生命、与整个宇宙共舞。”

不相信自己有什么创造力的人，就真的无法激发出创造力，因为在潜意识下，他已将这扇门完全关闭。如果父母以为创造力只是非常少的人才会拥有，一万个人之中可能出现一个，就会逐渐摧毁孩子的创造力，不让他发挥，总是对孩子说：“不要想乱七八糟的，只要乖乖念书就好！”孩子就会逐渐失去动力，最后真的与大多数人没有两样，只接受共同的思想，毫无定见，随波逐流。其实，创造力与学业成就无关，学业成就高的孩子不一定会有创造力，但创造力常常又是影响一个人未来成就的重要因素，可惜的是，许多家长并不明白这个道理，只以孩子的课业为唯一衡量标准。

同样地，父母应该给予孩子一个受到保护的空间，在这个空间里，孩子可以无拘无束地发挥，不受干扰，不汲汲于求，家长也不以时空压迫孩子的发展，亦即不急于看到成果，只是从旁协助。虽然刚开始时孩子可能会跌跌撞撞，使人完全无法忍受，但千万不可责骂他，因为创造力是需要经过时间的淬炼才能显其伟大的，如果父母没有耐心，往往就会让一位天才溜走。

**简单激发创造力的元素**

| 元素 | 说　明 |
|---|---|
| 放松 | 深呼吸，让全身放轻松，以感觉无压力的状态接受信息。 |
| 观察 | 多观察周围新鲜事物，用心体会小事物的精致与温馨。 |
| 好奇心 | 用“打破沙锅问到底”的心情面对事物，感觉每天都是新鲜的。 |
| 求变 | 换上吊带裤，穿上从未穿过的尖头鞋，打破旧习惯，接受新观念。 |
| 幽默感 | 激发生活上的乐趣。 |
| 新思维 | 勇于打破传统，坚信没有不可能的事情，接受新的观点。 |

| 元素 | 说　明 |
| --- | --- |
| 酝酿 | 随时记下刚浮出的点子，不管有用还是没用。 |
| 勇于尝试 | 在能力范围许可之下，勇于尝试以前从没想过要做的事，例如高空弹跳、在森林中大声喊叫或骑自行车上山等。 |
| 赤子之心 | 让心境永远保持在五岁，纯洁善良、自在轻松。 |

美国著名心理学家优瑞卡（Eureka）发展出一套创造力的公式：

$$(\text{刺激}+\text{脑部作用系统})^{\text{乐趣}}$$

简单来说，当脑部不断接受具有大量乐趣元素的刺激时，就能激发创造力的机制。

创造力的特质

有时，创造力没有任何公式可言，随便找个地方坐下——红砖道，公园里，脱掉鞋，光着脚，躺在舒缓的阳光下，一个放松的时间、一个舒服的姿势，往往都能让创造力源源不断而来。

## 创造力与想象力

创造力与想象力有绝对密切的关系，一个天马行空的孩子常常惹得我们捧腹大笑，并让我们羡慕他为何有这么丰富的想象力，而大部分的孩子都具备这样的能力。但曾几何时，随着年岁的增长，孩子们心中的那份天真与傻劲消失殆尽了。而这主要是受传统礼教的束缚太大，封闭专制的教育让人无法跳出传统的思考，而大人的思维也一直深深影响着孩子，所以，为人父母者，应该放手让孩子海阔天空。

## 有创造力的孩子的特征

经过研究显示，有创造力的孩子与一般的孩子在许多性格方面的表现的确是略有不同。有创造力的孩子一般较具有以下的特点：

1. 能够触类旁通，不执著于同一问题，不钻牛角尖，能够很快地想出另一个方法。

2. 胸有成竹，即使一开始自己的想法不被他人接受，也总能锲而不舍地表达自己的想法，终为他人所认同。

3. 对于新环境的适应力强，能够知道如何安住下去。

4. 有创造力的孩子的表现有时是极端的，有时乐观开朗，但有时则陷入悲观的情境。

5. 有创造力的孩子总能发现别人看不见的细微之处，例如墙角的小蚂蚁、路边的野草野花等。

6. 有创造力的孩子较知道如何解决问题，也较具有恒心慢慢完成一项工作。

7. 有创造力的孩子具有宽容之心，不容易与他人计较，换言之，有较良好的人际关系。

创造力组成架构

## 如何培养创造力

电影《鲁冰花》中，小男孩小明将啃蚀茶叶的毛毛虫以特写的方式绘画出来，刻画出采茶人的辛苦感受；相对地，全班公认最会画画的另一位小男孩，却只画出教室内整齐排列的桌椅、学生埋首桌上画画的情景。两者间最大的不同，便是创造力的不同。

培养创造力的第一步便是要有比别人更深的感触。根据研究发现，有创造力的不一定是反应较快的人，也并非说话滔滔不绝的人，反而可能是某个在一群人中静静地聆听他人意见的人，等轮到他发言时，却惊动全场，所提出的意见让大家刮目相看。

家喻户晓的《哈利·波特》，就是作者罗琳发挥了淋漓尽致的创造力的结果，她描绘出了一个神奇的魔法世界。其实当初的想法很简单，只是为了让孩子有个美好的童年，有个故事伴随着孩子一起成长。若一开始她只是以求取功名为目标，以发财享乐为目的，或许就写不出这么脍炙人口的作品。

以下几点为培养孩子创造力的原则：

1.支持孩子不同的想法，给予善意的回应。

2.即使孩子失败了，也应给予正面的鼓励。

3.尊重孩子，常与孩子分享经验，让孩子表达自己的看法。

4.创造一个让孩子可以优游自在的环境与空间。

5.主动参与孩子的各项活动，扮演问题解决者与协调者的角色。

6.讲故事给孩子听，并引导孩子也讲故事给你听。

7.选择1～2个电视节目观看，尤其是一些不错的儿童节目。

8.多让孩子用画画、捏陶土玩具、说话去表达自己的感受。

9.运用多样的积木、拼图、组合玩具，引导孩子建构创新的造型。

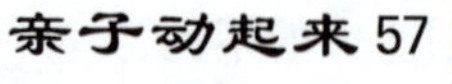


## 故事接龙

### 目的

借由编故事让孩子发挥各种想象力。

### 方式

1. 家长选定一个主题故事,例如"飞天少女猪解救三只粉红狗"、"辛巴达寻宝记",或者"一棵长在都市中的树的告白"等。

2. 由家长起头,亲子轮流将故事接续下去,且不必担心故事的合理性,以训练创造力。

### 教育孩子

家长应时时接受孩子询问各种问题,或者能够询问孩子问题,请孩子回答,例如:"飞天少女猪在飞行的时候忽然睡着了怎么办?"

## 亲子动起来 58　看相片说故事

### 目的

借由看相片让孩子发挥各种想象力。

### 方式

1. 家长选择一些孩子未曾看过的且有趣的相片。

2. 让孩子对相片中的人物、景物编故事,或将数张相片串联成同一故事。

### 教育孩子

发挥创意有各种方式,只要用心,许多细微之处都是创意来源。

## 鼓励孩子表达自己的感受

当孩子内心感觉被接纳、产生安全感时，就能放心说出心中真正的想法，这时父母应积极倾听，不必急着回应。最好能让孩子慢慢整理思绪，说出想法，因为这种让孩子持续说话的方式，是让孩子激发自己创意的很好的途径，不仅能理清思路，而且不待父母提示，就能自己提升自己。

总之，人是通过感受才能接触到潜意识的，而潜意识才会让人有创造性。不管是讲故事、音乐、画展、儿童剧还是阅读，都可以让孩子更有想象力。

## 水平式思考的训练

大部分传统的教育皆训练学生垂直思考，面对一个问题只朝一个方向去解决。例如一道数学题可能有好几种解法，但大部分的教师可能只教一种，并且是让学生不用花太多脑筋的那一种，甚至还包含死记的程序。这样的训练方式让许多学生以后面对问题时，一味地钻牛角尖，殊不知换个角度想便会海阔天空。数年前台湾流行一种漫画“脑筋急转弯”，所给的答案虽让人感觉到这只是一本茶余饭后的休闲书，但也不失为一种水平式思考的例证。其实人脑与计算机最大的不同，就在于人脑懂得幽默，而计算机不懂。

## 亲子动起来 59　画地图

### 目的

通过画某一区域的地图激发创意。

### 方式

1. 家长与孩子讨论画一幅地图，范围可以是孩子熟悉的住家附近社区、学校或公园等。

2. 鼓励孩子以各种形式画出，也可以着色。

3. 家长以幽默的口吻与孩子对话，例如："如果这些汽车都会飞，你要怎么画这一幅图？""如果这个十字路口挤满了汽车，你是设计道路的工程师，你要怎么重新设计道路？""这座公园如果闯进了一头大象，你要如何安置大象？"

### 教育孩子

多与孩子探讨各种可能性，鼓励他提出各种想法。

## 亲子动起来 60　脑力激发

### 目的

在一定时间里，激发无限想法。

### 方式

1. 父母设定一定时间（例如 2 分钟），提出一个有多元答案的问题，例如"做十个鬼脸"、"如果你会飞翔，想要做什么"等。

2. 将这些答案记录并汇集起来，制成资料簿，供孩子随时翻阅，当有新的灵感时，可随时添加。

## 教育孩子

许多有趣的想法，日后说不定都可能运用在日常的生活中，例如许多电影的题材不就是这样来的吗？

# 亲子动起来61 我是一只什么动物

## 目的

发挥想象力，让孩子用一种动物来代表自己。

## 方式

1. 父母让孩子认识各种动物，必要时为孩子解说各种动物的特性。

2. 让孩子选择可以代表自己特质的动物。例如海豚代表聪明灵巧、骆驼代表刻苦耐劳等。

3. 可引导孩子进入各种想象世界，如幻想是一只狮头象身的巨兽。

## 教育孩子

经常多想各种不同的可能，会让头脑更加灵活。

## 亲子动起来62　网络翱翔

### 目的

借由网络的搜索激发各种创意。

### 方式

1.父母要先明白网络世界的情况，并善加利用搜索系统，找寻有用的资料。

2.每天陪孩子1～2小时，每次设定不同的搜索主题，例如“如何预防感冒”、“探索九大行星”、“一只蝴蝶的一生”，并教导孩子如何搜索这些资料。

3.逐渐让孩子自行设定主题，陪孩子一起研究资料，并可依序列出并印成资料册。

### 教育孩子

在信息爆炸的时代，快速找到资料才是致胜的关键，家长不可轻视，善用网络资源绝对可以让人找到源源不断的灵感，也会发现许许多多的惊奇。唯一需注意的是，网络无国界，也没有审核机制，许多不当的网站充斥其中，家长应教导孩子正确的上网观念。

爱德华·德·波诺在《水平思考法》中提出，一般人受到传统教育的影响，常以垂直思考解决问题，例如在一个洞里努力挖掘。而水平思考法则提醒大家不妨再多掘几个洞，也就是不要在同一个地方钻牛角尖，而要另起炉灶。其原则如下：

1.广纳各种不同的思考方式，让创意尽情发挥。

2.多方面、多角度观察，必要时完全改变对某一件事的看法，以发掘创意。

3.完全摆脱垂直思考法的传统方式而去重新认知事物。

4.多利用偶发性的启示,以创造新的构想。

**【文章阅读】水平思考解决危机**

有位商人经商失败,欠了另一个朋友大笔债款,这位朋友觊觎这位商人的太太,于是说:"我们明天来掷硬币决定吧!如果硬币是正面的,这一大笔债就不用还了;如果硬币是反面的,那么你的太太就必须到我家当女佣一年。"这位商人明知朋友有诈,因为他有一枚两面皆是反面的硬币,却也奈何不了而答应了。

第二天这位朋友带着这枚硬币与一只碗到商人家中,说:"如果是反面,请兑现你的诺言!"接着便掷出硬币,并以碗盖起来。就在商人忧伤地准备打开碗时,他的小儿子忽然躲在桌底下喊道:"不必开了,硬币一定是正面朝上,因为我在桌下从桌面的小洞望上去,钱币是反面的。"这位邪恶的朋友深怕自己的伎俩被识破,只好无趣地离开了。原来,机灵的小儿子昨晚偷听到了父母的对话,便想出法子在桌上偷挖了许多小洞,成功地化解了一场危机。

创意的思考并不是狡猾,而是为一个棘手的问题寻求另一种解决方式。其实,越是多元的社会越是需要这样的智慧,不是吗?前一阵笔者出了一本关于亲子英语教学的书,里头附了一张CD教学光盘。在制作时,原先希望光盘目录内容可以对照书中的页数印刷,但因书的制作进度落后于光盘制作,对照页数无法立即定案。于是笔者放弃传统的"对照页数"方式,而改采用书本对照CD

曲目方式编辑，如此亦能发挥同样效果，也能让书本如期发行。

许多的魔术都是利用人只有垂直思考的弱点，让人的注意力只集中于不相关的事物上，而事实上，魔术师早已发挥偷天换日的本领，成功地达到目的了。再说个笑话，有一个人每天背着大包由加拿大骑摩托车至美国，路上遇到警察，警察问："你的包里装的是什么?"这人答道："是黄豆!"打开一看，果然是黄豆，警察只好放行。之后，警察每天都遇到这个人骑摩托车入境美国，打开他的包看到的仍然是一堆黄豆。有一次，警察忍不住问了这个人："你老实告诉我，你究竟有没有做不法的勾当，我不会告发你的!"这人说："其实我是在走私摩托车啦!"这个笑话又是直接点出应用水平思考的一例。

## 创意的果实——发明

如果没有伟大发明家爱迪生发明灯泡，人类不知要处在黑暗下多久；如果没有莱特兄弟发明飞机，环游世界的梦想简直遥不可及。但我们都知道，在这些发明问世之前，这些伟大的发明家在世人的眼里，只不过被认为是"无知、疯子"，总是不切实际。但这些人仍然凭借着一股锲而不舍的精神，不理会世人的嘲笑，也不管经历多少次的失败，最终收获了成功的果实。

事实上，当时在世界上绝不只爱迪生或莱特兄弟有这样的好点子，可惜的是这些有同样点子的人，抵挡不过世人嘲讽的声音而退缩，没有进一步研究下去。若以这样的情形来看，本来大部分的人都可能会成为发明家，但是经过长期的淬炼，磨掉了许多人的雄心壮志，也去掉了各式各样太在乎旁枝末节的人，于是乎伟人与平凡人的差异终于显现出来了。

只要有心，人人都可以变成发明家。以定义来说，发明是用自己的智能，创作从前没有过的事物，或发现从前大家所不知道的义理。乍看到这一段定义，一般人多半对发明望而却步，认为自己能力不足，不可能成为发明家。其实，简单地说，发明不过是改善某种现状，让生活变得更舒适，例如我们穿的鞋子平常看起来不起眼，但有心之人会想："如何让鞋穿起来跳得更高、跑得更快呢？"于是就有人发明了气垫鞋，使现在几乎所有的篮球选手都穿这样的鞋子。在第三届"宋庆龄少年儿童发明奖"上，一位只有11岁的孩子出乎意料地成为夺得金牌的选手，而他的构思只是来自于看到妈妈用晒衣架晒衣服却无法晒鞋子。于是他不断想法子改进，后来灵机一动，将两个可转动的不锈钢挂钩中间加装弹簧转轴，一副晒衣架马上变成了"便携式晒衣鞋架"，既能晒衣服又能晒鞋子。有谁能想到这个简单而巧妙的小发明，会出自一个11岁孩子之手呢？

**小发明范例**

| 发明物 | 内容 |
| --- | --- |
| 双人雨衣 | 两件雨衣披连在一起。在连接的位置处安装两个小手套，小孩坐在车后边用手把住，避免骑车时雨衣被风吹起。 |
| 脚踏垃圾盖 | 直接用脚打开垃圾盖，方便又卫生。 |
| 会呼吸的安全帽 | 安全帽上加了几根两端宽、中间细的塑料软管，利用伯努利原理让安全帽通风。 |
| 曲别针 | 用简单的一根铁丝绕圈，就能轻易夹住一叠纸。 |
| 气垫鞋 | 鞋底充入空气，靠空气压力产生弹力。 |

| 发明物 | 内容 |
| --- | --- |
| 自动铅笔 | 运用简单的弹簧原理让笔芯导出。 |
| 安全气囊 | 汽车冲撞时自动弹出的气囊，尽量避免让乘客受伤。 |
| 太阳能电灯 | 白天利用太阳能充电，晚上用太阳能电力点灯。 |

## 亲子动起来 63　小小发明家

### 目的

激发孩子发明的灵感。

### 方式

1. 在日常生活中带领孩子观察家中的各项设施，并仔细察看、讨论是否有需要再改良的地方，例如水龙头如何更省水、拖把如何把地拖得更干净等。

2. 针对这些议题带领孩子寻找参考资料，例如知识产权网的相关资料，研究是否有相关发明。

### 教育孩子

多与孩子探讨如何发明小东西以改善家中的器具或设施。切记，千万不要阻碍孩子的想法，也不要认为孩子的想法很幼稚。

## 亲子动起来 64　广告高手

### 目的

让孩子在广告的设计中激发创意。

### 方式

1. 试着与孩子一起设计一段广告，构思情节、角色、服装等。

2. 用相机或摄影机录下来，事后一起讨论，再提出其他各种创意。

### 教育孩子

不要错失生活中各种可以展现创意的机会，或许将来孩子也会是一位广告高手。

## 阻碍创造力发展的锁链

从小父母便会不经意脱口而出许多妨碍创造力的话语，让本想好好发挥的孩子因为这样的一席话而打消了念头，使创造力无从发展，至为可惜。另外，父母的管教方式对于创造力的发挥或压抑也的确有极大影响，长期限制孩子不可做这不可做那，将让孩子的信心丧失殆尽。下列几点都被视为阻碍创造力的观念，值得父母深思。

### 正确答案

从小我们就被教育一个题目只有一个正确答案，找到正确答案就等于完成了这个题目，对这个题目也就终止了思考。但在现实生活中，许多的题目同时有好几个答案，旧思维不再适用于新情况。

## 统一步骤

同样地，强加在孩子身上的只是统一的步骤、口令般的指示，如果谁不遵循这样的步骤就被视为异类。唯有统一的步骤才被视为最有逻辑，同时是到达目的地最快速的方法。但拐个弯说不定可让视野更开阔、学习得更多呢！

## 实际一点

另一个意思就是绑住你的想象力，不要让它出现。如果父母一味压抑孩子的想象力，就形同一个可以飞 100 米的巨大风筝，但只有 10 米长的线那样可惜。

## 不要犯错

“错误”这个字眼儿，已经根深蒂固地被认为是负面的字眼儿，大家避之唯恐不及。但如果爱迪生没有一再地尝试错误，我们就享受不到电灯带来的方便。

## 行乐荒唐

许多好的点子都是从游戏的态度而来的，旧有的“荒于嬉”的观念应该修正了。

## 不关我事

父母教育孩子不要多管闲事，往往会造成孩子对任何事都漠不关心，凡事不感兴趣。因此，适当的“多管闲事”可让好奇心激发，创造力萌芽。

## 不要傻了

这是有些父母常对孩子说的口头禅之一，但往往孩子的“傻”点子却能成为未来的最佳创意；也是因为许多人有“傻”点子，才使我们现在有飞机可以搭乘，有汽车可以乘坐。

# 第八章

# 培养专注力

有一次与一位家长闲聊，她提到自己的孩子真是伤脑筋，做一件事热度不到三分钟，常常事情做到一半忽然想起什么事就跑开了，改做另一件事，不一会儿就将手边原有的事忘得一干二净。她怀疑孩子是不是脑筋比别人差，总容易忘记事情。其实这样的情形并不一定是记忆力不好所致，最大的问题在于不专心。我也反问她："孩子是否时常一心二用，一次同时做一两件事呢?"她的回答果然是肯定的，孩子常常同时边做作业边看电视，也同时边吃饭边玩玩具。很明显地，这个孩子由于不良的习惯引发了许多副作用，因此，作业写不完、学习成绩下降、做事没耐心都是可预见的情形。

一般来说，4～5岁孩子的专注力只有十几分钟，父母也不必因为孩子为何不能长久维持专心度而伤脑筋。在许多时候，活动内容的趣味性与孩子的专注力有很大的关系，许多孩子之所以心散，是因为学习内容沉闷及重复，令他们无法专注眼前的活动。有些孩子则天生专注力较弱，他们较容易被其他事物分心。其实，专注能力是可以学习的，却不容易训练，所以，父母便应采用多种方法让孩子逐渐改善。

## 培养专注力由做好功课开始

在服兵役的训练中，班长带领士兵进行射击训练时，必定会有前后的步骤，如“左线预备、右线预备、全线预备、开保险、开始射击”。同样地，父母应该教导孩子一定的方式，包括生活上、学习上，甚至细微之处，使之做到有条不紊。试想，两位同时就读于小学三年级的小学生回到家，一位是打开冰箱拿出饮料，再打开电视机转到卡通频道，舒服地躺在沙发上喝饮料看卡通；另一位则是直奔书房，先拿起功课做作业，一一将作业完成后再出去玩。再试想，两位同时做功课的学生，第一位从书包拿取作业时，才发觉语文课本忘记带回家，央求妈妈返回学校拿，妈妈一查孩子的抽屉实在凌乱不堪，费了好大劲儿才看见躺在角落里的语文课本，回到家正准备要做作业时，又发现孩子的联络簿上被老师注明孩子昨天忘记做数学作业，今天要求一并做完。另一位学生今天的功课是完成一幅画，他先将桌面上的簿本收进抽屉，保持桌面整洁，然后很从容地将彩笔拿出，将画纸铺上，又准备了卫生纸、擦子等预防万一，然后便很怡然自得地开始他的绘画。我们比较后可以立刻发觉其实上述两个例子皆与专注力和组织力有关，这样的两个孩子，其实我们也可以想象他们书桌的差异处。有些孩子每天做作业时常常丢三落四，其实做作业也有先后步骤，拿课本、铅笔盒……如何训练孩子以最有效率的方式完成作业，进而养成良好的学习态度是训练专注力的第一步骤。

## 专注的感觉就是忘记时间的感觉

我们常说:“不知不觉时间就过去了”,这就表示你真的很专注于某件事,当你抬起头来,才知道原来自己花了一段时间在这件事上。相对地,没有专注的人会时时注意自己的手表,心中七上八下,希望时间尽快过去。

因此,只有自己最知道到底有没有专注,这是骗不了人的。你可以假装很用功,在书桌前呆坐整个下午,但事实上书本却是一页都没有翻过去,你的心早已飞到天际之外了。

其实,如果您的孩子真正进入“专注”的状态,就不要打扰他,无论他是躲在房间玩积木、看故事书、画图,还是在外头专心地玩秋千、溜滑梯或者堆沙,你一定要相信,没有其他事比培养孩子这样的专注力更重要了。在时间许可下,你要让他全心全意尽情做这样的活动,而且要保证他不受外界的干扰,外界干扰往往是让孩子无法专注的元凶。

许多父母抱怨自己的孩子不够专心,一件事情常做不久就显得没兴趣与不耐烦。但事实上,我相信每个孩子都有专心之时(视个别差异而有多寡之别),但外在环境的干扰常使本来好不容易可以专心的调皮孩子的专心度又消失殆尽,很可惜这样的孩子立刻被归类为“好动、不专心”。这些干扰往往只是一个电话、一阵铃声、妈妈叫孩子一声,等等。

因此,如何让孩子专心的道理就在于此,父母应该眼观六路、耳听八方,尽量维持孩子这样的天地。同时,家中孩子读书的地方也不要有太多玩具或吸引注意力的东西以避免分散注意力，因为孩子本来就是喜新厌旧的，如果给他太多选择，反而会分散他的注意力，无法集中精神。

不要担心孩子堆了太久的积木、画了太久的图（因为他会一试再试），也不必担心孩子一本书读了太久，而别的孩子可能已经读到第三本了，只要他确实吸收就好。

## 亲子动起来65 数车辆

### 目的

训练孩子眼到心到的专心度。

### 方式

1. 家长设计一张如下的表格。记载数量时可以用方便的符号录入，如“正”字代表五辆。

| | 汽车 | | | | | | 摩托车 | 自行车 | 其他 | 备注 |
|---|---|---|---|---|---|---|---|---|---|---|
| 颜色 | 白 | 红 | 蓝 | 黑 | 绿 | 其他 | | | | |
| 数量 | | | | | | | | | | |

2. 选定一个路旁或街口，在一个适当时间，例如下午2～4时，让孩子以此表格作记录。

3. 如有必要，可再计算高峰时间与低峰时间车子数量的差异。

### 教育孩子

当各项数据出炉时，家长可借此机会为孩子分析各项成因。

## 亲子动起来66　发现家中秘密

### 目的

培养孩子的专注力及细心度。

### 方式

1. 以玩游戏的方式告诉孩子家里有许许多多秘密。如:“我们一起将秘密解开好不好?”“我们每天都爬好多阶梯到我们家,你知道到底有多少级阶梯吗?”“我们家通风良好是因为我们家有许多窗户,你知道总共有多少扇吗?”

2. 让孩子独立完成并记录下来,家长可给予适当鼓励。

3. 可再扩大至更多题目,如:“家中有多少本书”、“有多少个碗盘”、“有多少筷子、汤匙等”。

### 教育孩子

发现生活中的各种事物都会是充满惊奇的经验,如此生活就不至于无聊,且能多姿多彩。

## 训练专注力的技巧

一般来说,专注力缺乏的人常会引发一些其他的个性或特征,大体说来,缺乏专注力的孩子在一个团体里常被认为好动、没耐心,甚至被认为是有多动症。根据研究,专注力缺乏许多时候是由先天造成的,但也可能由后天环境养成。

**缺乏专注力的特征**

孩子的专注力是可以培养的，父母可尝试以下方法：

1. 父母在每天设定一段安静的时间，不要让嘈杂的声音持续地干扰生活。例如关掉电视机、收音机等，让孩子可以静心看一本书或做家务。

2. 训练专注力对于一个4～5岁的孩子来说，学习时间不宜太长。每学习一段时间，可休息数分钟，以持续维持其专注力。

3. 当孩子独自一个人进行活动时，不论是游戏还是其他活动，父母尽量不要去干扰甚至打断孩子。只有这样，孩子才能有机会专心眼前的活动，慢慢发展专注的能力。若因事必须打扰时，也应以尊重的口吻道："可以打扰你一会儿吗？"

4. 父母应为孩子安排规律化的生活，因为当孩子设定好目标清楚知道自己将要进行的事情时，他们会更专注地去完成。

5. 应帮助孩子学习组织方面的技巧。例如可以通过记事本的功能来进行自我管理。帮助孩子列出工作清单，定出优先顺序，制定完成期限，固定检查、整理房间、书桌、书包、抽屉等，都是有效的方法。

6.父母应耐心对待，千万不要大吼大叫，否则会让孩子更喜欢趁机捣乱。学习轻声细语、举止温柔、冷静面对无理的发怒，父母千万不要跟着情绪失控，起初孩子可能仍会大吵大闹，但是如果持之以恒，久而久之孩子也会感到羞愧而止住。

7.聆听轻柔的音乐，根据研究，莫扎特、肖邦、贝多芬的音乐对孩子有特别的帮助，能改善情绪控制力，减少冲动，社交技巧也能得到改善。

**父母 VS.孩子对专注力的策略**

| | |
|---|---|
| 父母对待孩子 | 1. 经常变换活动内容。<br>2. 提供优雅的环境，干净整齐、不杂乱、不嘈杂。<br>3. 周围不要有太多的诱惑与干扰。<br>4. 时常给予鼓励。 |
| 孩子本身 | 1. 充分地休息。<br>2. 良好的读书习惯。<br>3. 适当的作息。<br>4. 避免一心二用，例如吃饭不看电视。 |
| 可训练之活动 | 1. 练书法<br>2. 拼图<br>3. 走迷宫<br>4. 下棋<br>5. 玩积木<br>6. 沙画<br>7. 猜谜游戏 |

## 另类专注力——常让孩子感到惊奇

当我们听到一场无聊的演讲时，不只是孩子，就连大人也可能觉得了无生趣而昏昏欲睡，相反，当听到一场精彩的演讲时，听众的精神便为之振奋。比较前后如此之大的差异，我们可以分析其中的道理。无聊的演讲内容毫无创新，精彩的演讲内容变化生动；无聊的演讲音调平平，精彩的演讲抑扬顿挫运用得当；无聊的演讲距离听众的心太遥远，精彩的演讲触摸得到听众；无聊的演讲者表情僵硬，精彩的演讲者手舞足蹈；无聊的演讲讲稿千篇一律，精彩的演讲应用多种辅助工具帮助听众了解。

如果将此定律应用在专注力的解析上，可以很轻易地了解，不只是训练者本身的因素，外在环境也是促成专注的动力。如果感觉孩子的专注力不够集中，除了注意孩子本身的各项心理、生理因素之外，父母还要探究自己是否太“无趣”了、毫无新鲜感可言，以至让孩子也感到无聊、死气沉沉。

这时，很多父母可能又会抗议：“怎么这么麻烦，每天工作回到家已累得不像样了，还要想方设法让孩子不感到无聊？”其实，生活中总是充满了无限惊奇，只是大多数人都忽略了而已，惊奇并非一定要充满刺激、大费周折，而是体会那一点点不同。载孩子回家，原本都走同一条路线，今天忽然心血来潮，改绕另一条路，或许就会发现平淡的生活多一些光彩。平日从不带孩子逛隔壁小公园的父母，或许只花 20 分钟带孩子散步至此，就会发现一些小惊奇，相信远比整天花大部分时间看电视来得有意义吧！

## 顺水推舟——孩子欲望的正向引导

常听周围许多父母对我说：“唉！我的孩子最专心的时刻莫过于玩电动玩具了。瞧，他专注的神情好像时空完全静止了，如果他念书时能够像这样专心该有多好……”的确，如果孩子花在书本上的专注力能像玩电动玩具一样，所有的父母都可高枕无忧了。但为何电动玩具总是有如此大的吸引力，而书本没有呢？两者间的差异在哪里呢？其实，可以轻易发现电动玩具本身完全符合刺激感官的心理因素，声光效果俱佳；再者，它也满足了孩子好奇的欲望，一关比一关难，符合孩子冒险的心理，一股想要破全关的欲望缭绕于心。笔者在想，如果有心人士结合书本的知识和电动玩具的功能设计出一套学习兼娱乐的游戏，玩电动玩具的同时顺便能学习教科书的所有知识，那将会是一大福音。

家长若试着在家中将无聊的文字转化为多元的图像及声音，引发孩子学习兴趣，仍可以达到学习目标。

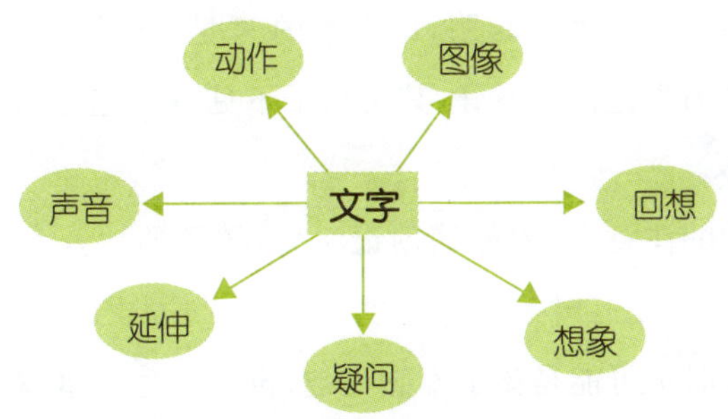


**引导孩子专注的指标**

**各项指针范例**

| | |
|---|---|
| 动作 | 手舞足蹈，生动活泼，表情丰富。 |
| 声音 | 落叶声音沙沙沙。 |
| 延伸 | 猴子会爬树，还有哪些动物会爬树？ |

| | |
|---|---|
| 疑问 | 为何植物需要阳光? |
| 想象 | 本来无色彩的内容融入色彩。 |
| 回想 | 不看书本,强化记忆力。 |
| 图像 | 漫画相较于故事书更受孩子欢迎。 |

## 背诵有助于提升专注力

背诵与专注力是相辅相成的两项能力,能够轻易背诵的孩子表示其专注力够,而专注力够的孩子比较能专心致志做好一件事,因此,背诵一篇文章或一首诗对他来说自然也不是什么难事。但背诵能力与专注力不见得能够完全混为一谈。许多家长误以为自家的小孩不如别人家的聪明,记事情的速度永远赶不上新东西出现的脚步是因为记忆力不好,其实孩子不见得是记忆力不好,而是专注力不够。

有集中的注意力,才能辅助记忆力,孩子的注意力不集中,老是忘东忘西,加之有时家长胡乱教导孩子一通,导致孩子更不容易专心。但有时也可能是孩子不感兴趣,没花心思在事情上,所以经常听过就忘,这也让家长误判为:“我家孩子的记忆力不好。”

想针对专注力不佳的孩子提出训练其实很简单,家长可先找一个不被打扰的时段,陪孩子认真地玩游戏或读童话故事,但切记,家长也得集中精神,游戏过程中不可被打断,例如跑开接听电话或处理其他杂事等。逼自己多点专注,孩子才能多点专心!

## 亲子动起来67　玩玩具

### 目的

提供独立空间让孩子玩玩具，也能训练其专注力。

### 方式

1. 父母事先将玩具间收拾整齐干净，尽量不放会让孩子分心的其他杂物。

2. 准备两样玩具，一是较简单的玩具，一是相较于孩子年龄稍微困难的玩具。

3. 即使孩子寻求帮忙，如非必要，父母也尽量不介入，让孩子独力完成玩具的操作。

### 教育孩子

每样玩具都有许多不同的玩法，鼓励孩子多创造一些玩法然后展现给父母看。

## 亲子动起来68　侦探故事

### 目的

训练孩子的专注力与观察力。

### 方式

1. 家长选择适合孩子年龄的侦探故事集。

2. 根据故事中出现的蛛丝马迹带领孩子一起寻找真相。

**教育孩子**

对事物有细微的观察力，加上专注于整个故事的情节，必定可以像名侦探柯南一样。

### 侦探故事的效用

1. 让头脑灵活运用。

2. 为了寻找蛛丝马迹，必定会重复阅读文章，如此可训练对文章的彻底了解。

3. 训练寻找文章中关键的重点，养成孩子阅读文章不忘抓住重点的习惯。

4. 最后找出真相时，疑云解开将会让孩子充满成就感。

## 亲子动起来69 背诵训练

**目的**

借由背诵加强专注力。

**方式**

1. 先选定一篇学校教材，或由家长选择一篇难度适中、长度也适中的文章。

2. 必要时，父母可先解释一遍内容大意，让孩子有初步的认识，然后开始背诵。

3. 逐渐将书本拿开，带领孩子回想刚背诵的内容。

4. 背诵完后家长应常主动带领孩子复习，让孩子温故知新，家长可以说："昨天你背的那一首诗好棒喔！妈妈好想再听你念一遍，可不可以再背一次给妈妈听呢？"

## 教育孩子

背诵如能掌握诀窍，加上专心，再难的文章也能轻易背下来！

**背诵的技巧**

| 方式 | 说明 |
| --- | --- |
| 掌握大纲 | 先了解整体架构，明确掌握各段大纲。 |
| 利用零碎时间复习 | 一个学龄前的孩子注意力通常只有不到二十分钟，利用饭前饭后的零碎时间复习即可。 |
| 24 小时内再温习至少一次 | 刚背诵完的文章于 24 小时内再复习的效果最好，可记住 70％～80％。 |
| 自问自答 | 背完的文章可借由许多内心的问答增强记忆。例如："接下来如何？""主角说了什么？" |
| 有计划复习 | 持续复习可让短期记忆变成长期记忆，可设定一周一次或 5 天一次。 |
| 有充足的休息时间 | 要让头脑保持在最佳状态，就必须有充足的休息。 |
| 想象力 | 例如背诵一连串的数字时，可将其想象成一串故事。 |
| 联结力 | 将欲背诵的文章想象成与自己切身有关的事情，或者将文章情节连接至其他自己熟悉的经验。 |
| 用其他形式记忆 | 将单调的内容变成一首歌、一段绕口令或者一连串有趣的数字皆可。 |

## 亲子动起来70 训练专注力的游戏与活动

### 目的

在游戏与活动中训练专注力，达到最佳效果。

### 方式

1. 家长根据下面所列的专注力游戏与活动，设计让孩子参与。

2. 也可以分组竞赛的方式增加趣味性。

### 教育孩子

越专注就会让成绩越好，让孩子多玩几遍，相信绝对可以取得很好的成绩。

**专注力游戏范例**

| 内容 | 说明 |
| --- | --- |
| 数字游戏（1） | 让孩子看一串数字，要求孩子在三个连续数字下面画一短线，并要求越快越好。例如 9848884566632224567798 这串数字可画为：9848884566632224567798。家长可列出许多组这样的数字让孩子画。也可将数字改成英文字母、注音符号或图形等。 |
| 数字游戏（2） | 设计两组数字，其中一组中的数字与另一组数字相仿，但只少一字，例如其中一组为“35876”，另一组为“3576”，将两组数字给孩子看，让孩子找出差异的数字是哪一个。也可将数字改成英文字母、注音符号或图形等。 |
| 听力游戏 | 家长事先录下一段儿童节目的录音，事先听哪些词语出现的次数最多，例如该段节目中出现“我们”、“小朋友”的次数最多，播放给孩子听，让孩子找出这些词语总共出现了多少次。 |

| 内容 | 说明 |
|---|---|
| 配色游戏 | 制作各种颜色的色纸，每种颜色只制作两张，全部摊开在桌上，让孩子在规定的时间内将色纸依颜色两两配对完毕。 |
| 粘字游戏 | 拿一份旧报纸或旧杂志给孩子，并给孩子一把小剪刀、一瓶胶水等，让孩子找出特定的字并剪下来，例如："我是林小明，我是个乖孩子"，粘贴于白纸上。 |

**专注力活动范例**

| 内容 | 说明 |
|---|---|
| 平衡木 | 走平衡木，来回一趟计算时间长短。 |
| 投球接球 | 亲子互相投球，训练孩子接球投球的准确度。 |
| 投篮 | 可设定投 10 个篮要花多少时间，或 3 分钟内可投进几个篮，逐渐训练自己提高成绩。 |
| 套圈 | 设定一个目标，制作数个竹圈，在一定的距离丢掷，套中得分。 |
| 立鸡蛋 | 在平坦桌面上铺上一片软质毯，将鸡蛋立在桌上。 |

## 亲子动起来 71　瑜伽练习

### 目的

借由瑜伽练习提高孩子的专注力。

### 方式

1. 家长选购市面上的瑜伽书籍，由浅入深、循序渐进地练习。

2. 布置家中环境，使空气流通，并可点上香精油之类的辅助工具，让身心更加放松。

### 教育孩子

许多瑜伽姿势都是古代先贤圣哲受观察自然万物作息之启发而创的,例如观察鸟类的飞翔、潜伏、攫取,甚至其睡觉之姿,鱼儿优游水底的姿势,因此,瑜伽可以提高注意力,训练耐力,培养意志力。

## 亲子动起来 72　静心训练

### 目的

学习静下心来观察自己。

### 方式

1. 家长带领孩子一起做。

2. 闭眼,深呼吸,慢慢吸气,呼气。

3. 保持轻柔,想象身体到远方旅行,放眼望去一片湛蓝大海,看得越远越好。再慢慢回到自己的身体,想象看到自己的胃、肠、肺、心等。

### 教育孩子

多练习数次,可让自己进入状态。平时烦躁紧张时,也可运用深呼吸的方式让自己放松。

## 亲子动起来 73　听故事做动作

### 目的

借由听故事训练孩子的专心度。

## 方式

1. 家长先研读一遍图画书，并列出一些故事中较为重要的词句。

2. 家长开始念故事，并告诉孩子当父母念到这些词句时，便需鼓一下掌表示已听到这个重要的词句。

3. 掌声可任意改成敲铃、跳跃或者举手皆可。

## 教育孩子

唯有专心聆听才能了解故事，听别人讲故事，自己也可得到很多。

## 第九章

# 综合成就与评估

经过了前几章个别能力的教育后，有些父母或许体会到各章节间的活动对于孩子的发展其实都有微妙的关联，例如：自然观察的培养其实也需要有专注力的辅助，人文关怀应与责任心搭配始得成效。因此，训练孩子各项能力，诸如自然观察、健全身心、人文关怀、责任心、团体生活、创造力以及专注力等，本来就该视为息息相关的整体架构，而非个别独立发展。各种能力相互协调、相互辅助，才可培养孩子健全的人格。

### 亲子动起来74 搭乘地铁（公共汽车）一日游

**目的**

1. 培养孩子计划事情、规划行程的概念。
2. 领导统驭概念的培养。
3. 观察能力的培养。
4. 分析能力的培养。

**方式**

1. 与孩子讨论一起搭乘地铁（或公共汽车）旅游事宜，让孩子自行规划路线、计划行程、选择景点，家长只从旁提供建议。

2. 坐上地铁或公共汽车后，观察许多细节并用笔记本记下：

(1)起始站至目的地站会经过哪几站。

(2)每站上下车人数大约为多少。

(3)观察车上的人的行为模式，例如有些人会在车上看书或闭目沉思。

(4)计算乘客的穿着(穿红色服装有几人、多少人戴眼镜……)。

(5)观察并猜测他们的职业(如学生、公务员、上班族……)。

3. 到站后，依据地图方位让孩子自行找到目的地。

4. 回家后家长与孩子一起讨论分析问题，行程规划是否有不够妥当之处，路线安排是否合宜，并记录下整个旅游过程中印象深刻之处。

5. 将事前准备资料及行程收获与心得收集成册，可供以后参考。

### 教育孩子

一件事由计划、执行、完成，到事后的总结，如果都由孩子独立完成，将是一件非常有成就的事，使之相信自己必能达成目标。

## 亲子动起来 75　城市兴建计划

### 目的

1. 训练孩子全盘规划的能力。

2. 训练孩子理解问题、分析问题的能力。

3. 理解各种族群的不同需求，训练其包容的精神。

### 方式

1. 父母给孩子一个假设性的问题。例如有个城市为了配合重大公共建设(如三峡大坝),或因土壤污染因素、地质下陷因素、土石流因素而必须迁移,需要新建另一座城市以配合都市人口的迁移。假设孩子被指定为新城市的设计者,需要着手设计这个新城市。

2. 先行调查原城市基本资料,例如人口、车辆、公共建设等,带领孩子一起上网搜索。

3. 与孩子讨论欲建构的城市的雏形需要有哪些设施、系统,或者公共区域。

4. 以市民的衣、食、住、行、育、乐为方针考虑其需求性。从多方面多角度讨论什么样的城市最符合现代人的需求,什么样的组织最能照顾到全体市民等。

5. 一些公共设施,举凡文化机构、医疗机构、慈善机构、政府机关等都应纳入,如图书馆、文化中心、公园、体育场、活动中心、市政府、医院、老人院、孤儿院……都须考虑。

6. 考虑交通便利性,设计大众运输系统,规划路线。

7. 制作该城市的模型,只给孩子一定的金额购买材料,让孩子自行解决问题,尽量利用家中现有材料制作模型,而不买店里现成的模型。

8. 再细微讨论各种机构需要什么样的设施,如公园、文化中心、体育场、老人院等都该有各项符合条件的设施,并注明于其中。

## 教育孩子

小小设计师应具备的条件有:宏观的规划能力、缜密的思维、准确的分析能力、关怀人文的精神及坚忍不拔的毅力。有了这样的设计师,全家都会以孩子为荣。

## 亲子动起来76 我也可以很伟大

### 目的

借由比较的游戏学习伟人的精神。

### 方式

1. 引导孩子阅读一本伟人传记故事书，阅读完毕后与孩子分享心得，并列出一张表，让孩子比较与这位伟人的相似点与相异点。

2. 父母与孩子多找一些这位伟人的相关资料或小故事，让孩子增加印象。

### 教育孩子

告诉孩子，其实在许多方面孩子都与伟人有相似之处，再加把劲，一定可以赶上。

**伟人与我的比较表格**

| 伟人姓名:＿＿＿＿＿＿＿ | | | |
|---|---|---|---|
| | 我 | 伟人 | 分析 |
| 身高 | | | |
| 外形 | | | |
| 特征 | | | |
| 个性 | | | |
| | | | 分析 |
| 能力 | | | |
| 经历 | | | |
| 兴趣 | | | |
| 特质 | | | |
| 力争上游的小故事 | | | |

## 亲子动起来77 举行家庭聚会

### 目的

让孩子亲自规划家庭聚会，家长从旁辅助，以学习规划活动的能力。

### 方式

1. 先与孩子讨论内容和形式，列出一个规划。

2. 以人、事、时、地、物的原则规划，例如邀请哪些人、活动内容、时间、地点、准备材料等。

3. 父母与孩子一起准备各种必需品，进行经费估算。

4. 节目流程安排：

(1)开场。

(2)节目表演。

(3)经验分享。

(4)其他。

### 教育孩子

一个活动的举办，不论大小，总会有许多琐碎繁杂的事项，难免会烦躁、力不从心，但要相信自己的能力，只要有信心，这些最终都能够迎刃而解。

## 父母对孩子的评估

每个孩子都有不同的特质，有的好动，有的安静，有的体贴，有的乐观，也有的能够自动自发地完成交代的任务或作业，父母应不定期评估孩子的特性，提供一条线索明晰孩子的言行举止，取长补短，从而采取最适当的方式教育。

## 评估方式（一）

美国心理教育学家布卢姆发表了认知、情意、技能三大类教学目标，自此奠定了教学的基本方向，这也被许多国家的教育界奉为圭臬。认知方面，是指学生从教学中学到的知识性的行为；情意方面，是指从教学中学到的感情、态度或意志性的行为；而技能则是指学生从教学中学到动作技能性的行为，这三者相辅相成。

很自然地，由这三项教学目标再进一步推展至教学评估，也可分为认知、情意、技能三大类教学评估。笔者在此建议将此方式应用至家庭中父母对孩子的评估。

1. 认知评估：应用布卢姆分类法（Bloom's Taxonomy）可分为六个项目：

（1）知识：顾名思义，即为孩子学到事物的基本概念并能够加以记忆。

（2）理解：解释所学到的知识，并且能够用自己的语言呈现。

（3）应用：将所学的知识实际应用于生活中。

（4）分析：针对某一事项抽丝剥茧，了解其内容。

（5）整合：将各种成因整理，归纳成一个新的结果。

（6）评估：评论其优缺点，并给予意见与建议。

**父母可应用下列认知词语评估孩子**

| 类别 | 应用内容 |
|---|---|
| 知识 | 列出……项目、描述……情形、指出……重点。 |
| 理解 | 解释……原因、举……例子、总结……结果。 |
| 应用 | 应用至……方面、建构……组织、呈现……展示。 |
| 分析 | 比较……不同、调查……结果、重整……资料。 |
| 整合 | 建立……系统、组织……架构、设计……流程。 |
| 评估 | 评价……结果、提出……建议、确认……目标。 |

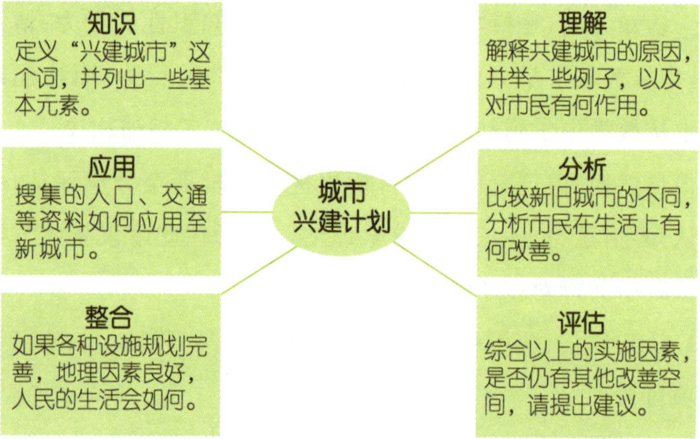

城市兴建计划

**知识**
定义“兴建城市”这个词，并列出一些基本元素。

**理解**
解释共建城市的原因，并举一些例子，以及对市民有何作用。

**应用**
搜集的人口、交通等资料如何应用至新城市。

**分析**
比较新旧城市的不同，分析市民在生活上有何改善。

**整合**
如果各种设施规划完善，地理因素良好，人民的生活会如何。

**评估**
综合以上的实施因素，是否仍有其他改善空间，请提出建议。

**应用认识评估之实际例子**

2.情意评估：共有五项主题分类。

(1)接收：对于一项事物有兴趣而产生觉醒与专注。

(2)回应：由于受到激励而产生新的行为。

(3)评价：能够判断某项事物的优缺点。

(4)组织：新旧评价重新整合后采取的措施。

(5)价值实践：顺从新的价值并化为行动。

**父母可应用下列情意词语评估孩子**

| 类别 | 应用内容 |
|---|---|
| 接收 | 选择……倾听……分享…… |
| 回应 | 讨论……实践……证明…… |
| 评价 | 争论……支持……拒绝…… |
| 组织 | 重整……比较……平衡…… |
| 价值实践 | 改变……完成……决定…… |

3.技能评估：有六项主题分类。

(1)反射动作：遇到刺激直接的反射动作，如飞沙闭眼等。

(2)基本动作：日常生活中为了特定目的而有的动作，如走路、跑步等。

(3)知觉能力：借由感官能力(视觉、听觉、嗅觉、味觉、触觉)直接学习。

(4)动觉能力：对事物的忍受力、耐力、活动力等，例如打棒球、赛跑等。

(5)技术能力：学习肢体的技巧，例如画图、工艺等。

(6)其他行为：如肢体语言、姿势、沟通行为等。

**父母可应用下列技能词语评估孩子**

| 类别 | 应用内容 |
|---|---|
| 反射动作 | 放松……伸展……眨眼…… |
| 基本动作 | 走路……跑步……跳跃…… |
| 知觉能力 | 平衡……跟随……读写…… |
| 动觉能力 | 撞击……漂浮……推拉…… |
| 技术能力 | 跳舞……绘画……建造…… |
| 其他行为 | 手语表达……音乐沟通……间接暗示…… |

## 评估方式(二)

家长亦可针对孩子熟悉的答题方式设计题目，例如是非题、选择题、连连看等。为求题目分配的适合性以达到真正测知孩子理解能力的目的，家长应将各种类型的主题融入，并针对该主题的知识、情意、技能、分析、应用、整合等原则设计题目。

**出题方向范例**

| 目标<br>内容 | 知识 | 情意 | 技能 | 分析 | 应用 | 整合 | 备注 |
|---|---|---|---|---|---|---|---|
| 垃圾分类 | V |  | V | V | V | V |  |
| 观察树木 | V |  | V | V | V | V |  |
| 听鸟叫、虫鸣 | V | V |  | V |  |  |  |
| 野外观察 | V | V | V | V |  |  |  |
| 听大地的声音 | V | V |  | V | V | V |  |

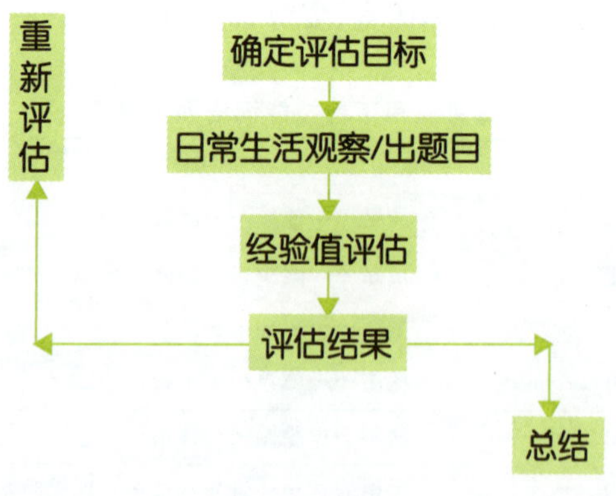


**评估流程**

## 评估方式(三)

本项评估旨在观察孩子的各项特质,家长根据选择的分数加总,并参照最后的分析与建议进行总结。

1. 人文关怀:

| 项次 | 内容 | 优 | 良 | 普 | 劣 |
|---|---|---|---|---|---|
| 1 | 喜欢与家长一起去敬老院、孤儿院等。 | 4 | 3 | 2 | 1 |
| 2 | 看到电视播报可怜的人物会不禁红了眼眶。 | 4 | 3 | 2 | 1 |
| 3 | 善解人意,能够主动询问他人是否需要帮忙。 | 4 | 3 | 2 | 1 |
| 4 | 曾主动停下脚步喂食路旁野狗野猫。 | 4 | 3 | 2 | 1 |
| 5 | 对于可以帮助的事情却没有帮忙会自责。 | 4 | 3 | 2 | 1 |
| 6 | 与朋友在一起时,能够体会到他人身体不舒服。 | 4 | 3 | 2 | 1 |
| 7 | 看到父母正在忙,尽量不去打扰。 | 4 | 3 | 2 | 1 |
| 8 | 关心他人比关心自己还多。 | 4 | 3 | 2 | 1 |
| 9 | 即使看到乞丐或拾荒者,也不会显出不耐烦,并懂得尊重他们。 | 4 | 3 | 2 | 1 |
| 10 | 一位曾经欺负自己的同学遇到困难,仍能不计前嫌地帮助他。 | 4 | 3 | 2 | 1 |

| 分数 | 分析与建议 |
|---|---|
| 33～40 | 有一颗善良的心灵,是一位非常关心他人的孩子,父母应该为孩子感到骄傲,但父母应注意孩子是否过度操劳而累坏身体。 |
| 27～32 | 能够主动帮助其他人,对人文事物热心,父母可当孩子最佳的支持者,鼓励孩子多参与相关人文活动。 |
| 20～26 | 具有人文观念,但可再加强。 |
| 10～19 | 对周围的事物反应冷淡,较为被动,父母可适时指导孩子关心周围的事物。 |

2. 责任心：

| 项次 | 内容 | 优 | 良 | 普 | 劣 |
|---|---|---|---|---|---|
| 1 | 能够自动自发地写完作业。 | 4 | 3 | 2 | 1 |
| 2 | 早晨起床不赖床。 | 4 | 3 | 2 | 1 |
| 3 | 将他人交代的事项一一做完。 | 4 | 3 | 2 | 1 |
| 4 | 不欺骗，不隐瞒，诚实以对。 | 4 | 3 | 2 | 1 |
| 5 | 能够主动帮忙做家务。 | 4 | 3 | 2 | 1 |
| 6 | 不怕麻烦，即使繁杂的事也能完成。 | 4 | 3 | 2 | 1 |
| 7 | 房间会自己收拾干净。 | 4 | 3 | 2 | 1 |
| 8 | 有时间观念，与朋友约会不迟到。 | 4 | 3 | 2 | 1 |
| 9 | 设定自己的目标，并努力达成。 | 4 | 3 | 2 | 1 |
| 10 | 没将事情完成会自责。 | 4 | 3 | 2 | 1 |

| 分数 | 分析与建议 |
|---|---|
| 33～40 | 具有强烈的责任心，也能感染他人，成为他人的榜样。 |
| 27～32 | 能够自我要求，积极主动做完分内的工作。 |
| 20～26 | 具有基本的责任心，但有时较糊涂，父母需多加辅导。 |
| 10～19 | 缺乏责任观念，父母必须多花时间教导孩子培养责任心的观念。 |

3. 团体生活与抗压力：

| 项次 | 内容 | 优 | 良 | 普 | 劣 |
|---|---|---|---|---|---|
| 1 | 做事条理分明，知道先后顺序。 | 4 | 3 | 2 | 1 |
| 2 | 做事有效率，不拖泥带水。 | 4 | 3 | 2 | 1 |
| 3 | 乐意与人分享自己的东西。 | 4 | 3 | 2 | 1 |
| 4 | 同学有困难愿意主动提供帮助。 | 4 | 3 | 2 | 1 |

| 项次 | 内容 | 优 | 良 | 普 | 劣 |
|---|---|---|---|---|---|
| 5 | 大部分的同学都愿意找他一起玩。 | 4 | 3 | 2 | 1 |
| 6 | 喜欢与大家一起玩乐。 | 4 | 3 | 2 | 1 |
| 7 | 遇到挫折很快就能恢复，再重新出发。 | 4 | 3 | 2 | 1 |
| 8 | 对于别人的不同意见能够虚心接受。 | 4 | 3 | 2 | 1 |
| 9 | 对于自己利益团体的事能够不争功。 | 4 | 3 | 2 | 1 |
| 10 | 某一团体若遭遇失败（如大队接力），他能够主动鼓舞大家的士气。 | 4 | 3 | 2 | 1 |

| 分数 | 分析与建议 |
|---|---|
| 33～40 | 尊重团队合作，且具领导能力，有解决问题的能力。 |
| 27～32 | 态度积极，与同学相处融洽，能够主动帮助他人。 |
| 20～26 | 平时表现不错，但有时遇到挫折会退缩，父母应多加关怀。 |
| 10～19 | 个性孤僻，不喜欢与人交往，抗压能力差，父母应积极帮助孩子建立良好的人际关系。 |

4.创造力：

| 项次 | 内容 | 优 | 良 | 普 | 劣 |
|---|---|---|---|---|---|
| 1 | 常告诉父母：“我想要换一种方式做这件事。” | 4 | 3 | 2 | 1 |
| 2 | 能够主动发掘有趣的新事物。 | 4 | 3 | 2 | 1 |
| 3 | 喜欢主动发问。 | 4 | 3 | 2 | 1 |
| 4 | 常天马行空说出令人想象不到的事。 | 4 | 3 | 2 | 1 |
| 5 | 具有幽默感，常惹得别人大笑。 | 4 | 3 | 2 | 1 |
| 6 | 不喜欢拘束，具有丰富的肢体语言。 | 4 | 3 | 2 | 1 |
| 7 | 可以一次做两件事。 | 4 | 3 | 2 | 1 |
| 8 | 较易接受事物的改变。 | 4 | 3 | 2 | 1 |
| 9 | 借由改变方式能够将枯燥无味的事变得生动有趣。 | 4 | 3 | 2 | 1 |
| 10 | 对于别人问的问题能够说出别出心裁的答案。 | 4 | 3 | 2 | 1 |

| 分数 | 分析与建议 |
|---|---|
| 33～40 | 具有独特的创意，观察细致入微，反应灵敏。 |
| 27～32 | 观察仔细，想象力丰富，常主动发问。 |
| 20～26 | 偶尔会有好的点子，但放在心里不愿说出，建议父母多提供机会让孩子激发创意。 |
| 10～19 | 较为被动，不愿意动脑筋，父母应多带孩子拓展视野，激发灵感，勇于创作。 |

5. 专注力：

| 项次 | 内容 | 优 | 良 | 普 | 劣 |
|---|---|---|---|---|---|
| 1 | 做家务有耐心。 | 4 | 3 | 2 | 1 |
| 2 | 能够自得其乐自己玩耍。 | 4 | 3 | 2 | 1 |
| 3 | 即使旁边有干扰仍然能够安静地读完一本书。 | 4 | 3 | 2 | 1 |
| 4 | 观察细致入微，能够找出别人没注意的细节。 | 4 | 3 | 2 | 1 |
| 5 | 较能够记住一件事或背诵一篇文章。 | 4 | 3 | 2 | 1 |
| 6 | 喜欢玩拼图、堆积木等需要花较长时间的游戏。 | 4 | 3 | 2 | 1 |
| 7 | 较为独立，不依赖父母。 | 4 | 3 | 2 | 1 |
| 8 | 有耐心及毅力花很长时间完成一件事。 | 4 | 3 | 2 | 1 |
| 9 | 喜欢静态游戏，较能得心应手。 | 4 | 3 | 2 | 1 |
| 10 | 一件事做到一半被其他事干扰（如接电话、妈妈叫），完毕后仍能回到座位继续做完未完成的工作。 | 4 | 3 | 2 | 1 |

| 分数 | 分析与建议 |
|---|---|
| 33～40 | 参与各种活动都很用心，有耐心完成各种事务。 |
| 27～32 | 能独立思考并解决问题，能够花较长的时间观察一件事物。 |

| 分数 | 分析与建议 |
| --- | --- |
| 20～26 | 在特定情形下能够专心，但较容易受到影响而分心，父母可引导孩子培养自己的爱好以训练专注力。 |
| 10～19 | 没有耐心，注意力无法集中，父母应设置良好的环境让孩子常练习集中注意力。 |

6. 个人特质：

| 项次 | 内容 | 优 | 良 | 普 | 劣 |
| --- | --- | --- | --- | --- | --- |
| 1 | 乐观开朗，笑容挂在脸上。 | 4 | 3 | 2 | 1 |
| 2 | 不轻易动怒，和颜悦色。 | 4 | 3 | 2 | 1 |
| 3 | 不计较，被他人占便宜较能释怀。 | 4 | 3 | 2 | 1 |
| 4 | 见义勇为，见同学争吵能够上前制止。 | 4 | 3 | 2 | 1 |
| 5 | 第一次没成功，愿意一试再试。 | 4 | 3 | 2 | 1 |
| 6 | 乐意分享自己的喜悦，让别人也得到喜悦。 | 4 | 3 | 2 | 1 |
| 7 | 能够知道自己的优缺点。 | 4 | 3 | 2 | 1 |
| 8 | 对事物有独到见解，能够正确判断事情。 | 4 | 3 | 2 | 1 |
| 9 | 领导能力强，别人喜欢和他在一起。 | 4 | 3 | 2 | 1 |
| 10 | 处事积极、有自信，相信自己一定是做这件事的不二人选。 | 4 | 3 | 2 | 1 |

| 分数 | 分析与建议 |
| --- | --- |
| 33～40 | 勇于表现自己，具备领导能力，并具有良好的品行，对人和气。 |
| 27～32 | 态度积极，愿意与人分享，并有良好的人际关系。 |
| 16～26 | 有良好的生活态度，但有时较为被动。父母不忘时时关心，化被动为主动。 |
| 10～15 | 态度消极，没有正确的人生观，父母可教导孩子由日常生活做起，规律的作息、学习做家务都可改善现状。 |

## 第十章

# 父母的观念

一个刚出生的婴儿就像进入一座全新的殿堂，身为父母有一个很重要却很简单的观念一定要明确："知识的探求是一种态度，是对事物的敏感度，而非只是囫囵吞枣进入脑里；知识的吸收不单是靠书本，还需要与自身的经验和体验相互验证。"因此，所有的互动过程都是知识探求的一部分，身为父母应该非常严谨地面对与孩子的点点滴滴，如此，孩子经由父母的指引所探求的知识才有意义。

再者，父母亦须考虑所建构的家庭能给孩子什么样的内容。格林斯潘博士对于一个好的家庭需提供给孩子哪些条件，曾提出应包括下列各项：乐趣、纪律、组织、照顾保护、安全、学习动机、尊重、温暖等。

### 与孩子分享心情

记得小时候家中来了一个客人，当时我正在地上玩耍，这位客人不经意与母亲谈到教育的问题，便将矛头指向我，直接指责我不应该在地上玩，并劝我的母亲好好管教我。我想，他一定认为我是小孩子,听不懂他与母亲的对话,但事实上,我实在有些气愤,因为我已经大到足够理解大人在说什么了,虽然那时只有 6 岁。因此,不要认为自己的孩子小,不懂得分享自己的心底话,多数父母错估了自己孩子的成熟度,孩子其实懂得父母的心,如果彼此了解,孩子可以是父母最好的安慰良药。

## 对待孩子注重公平原则

有部电影《乳房与月亮》,叙述一位小男孩的妈妈生了弟弟之后,将全部的注意力都集中在弟弟身上,使他觉得自己受到了冷落,因为父母把爱都给了弟弟,连妈妈喂弟弟母乳、他却只能喝牛奶这样的细微之处也能观察出来(这当然是电影情节的幽默之处)。

许多大人其实无法体会小孩子的敏感,尤其是有两个孩子以上的家庭,常会发觉其中一个孩子莫名其妙地生起闷气来,让父母丈二金刚摸不着头脑。这往往是忽略了给予公平对待的结果,虽然父母会抗议:“两个孩子都是我的宝贝,我是无心的呀!”但孩子只会以单方面的角度思考,仍无法体谅父母,也因而造成亲子之间较大的隔阂。所以,身为父母应该更加注意,在事情的处理上应多体会不同孩子的感受。如有必要,应坐下来好好向孩子解释,并以公平原则处理孩子之间的问题,希望孩子能明白。

## 事前做功课

家长本身要将自己视为非常专业的指导者，所有的亲子活动应事先在心中描绘一张蓝图，如要准备哪些材料、要如何进行、要提出哪些问题询问孩子，或如何与孩子进行互动，应先经过充分的准备后再开始进行。没有准备的家长就如同一位老师要去班级授课却没有事先整理好今天要教什么，因此进教室后完全没有前后次序，囫囵吞枣一番，学生势必也一知半解。

## 妥善安排时间

许多父母由于工作忙碌无法有太多时间陪伴孩子，而当空闲下来之后却又无法好好安排时间而让时间白白溜走。面对这样的情景，建议父母应用心拟定“工作时间表”，年纪小的孩子尚无法理解什么叫“工作时间表”，因此父母需带头示范，例如制作一张工作表贴于墙上，让全家人一目了然，然后依照这样的计划进行，如此便能有效率地度过每段时间。当然，许多突发状况是无法避免的，有时必须临时外出办一些其他杂事，因此在制定“工作时间表”时并非一定要设定时间性，只需列出工作事项、预估时间及重要性即可，也可省略一些每天例行的项目，如早餐、午餐、晚餐等。如此可让工作较有弹性，也可因时因地调换工作或增减工作。在正常情形下，时间的掌控需要亲子双方共同遵守，才能让这样的安排效果发挥到最大。

**工作时间表范例**

| 事项 | 预估时间 | 必要性 |
| --- | --- | --- |
| 整理家里,打扫环境 | 1 小时 | * * |
| 带孩子至公园观察昆虫 | 2 小时 | * |
| 至大卖场买食物 | 1.5 小时 | * |
| 逛书店 | 2 小时 | * * |
| 打羽毛球 | 1 小时 | * * |
| 研读功课 | 2 小时 | * * * |

## 一定要学习欣赏自己的孩子

如果您的孩子在众人面前不会主动说“叔叔阿姨好”,千万不要责怪他为何不懂礼貌,因为他可能是属于“内敛天才型”,这样的孩子沉默寡言,但内心世界却丰富无比,天马行空的想法可以吓大人一跳,只是还未结合语言,以语言的架构表现出来而已。如果您的孩子活泼好动,看见什么东西都想试试,一味地让您收拾残局,也不必责怪他,因为他肯定属于“人际发达型”,不要因为孩子的行为似乎不合“规定”就认为他笨或者不乖,其实如果顺着他的独特性善加培养,您就可能正在栽培一位未来的领袖。

### 孩子的潜力是可以被激发的

以前有个生物学家做过一个实验,他将一群跳蚤放入一个实验用的量杯里,盖上一片透明玻璃。原本跳蚤的习性非常爱跳,于是很多跳蚤都撞上了盖上的玻璃，不断地发出叮叮咚咚的声音。过了一阵子，生物学家将玻璃片拿开，发现所有的跳蚤依然在跳，只是都已经将跳的高度调至接近玻璃即煞车，以避免撞到头。于是竟然没有一只跳出来，依它们的能力不是跳不出来，只是它们已经适应了环境。后来他就在试验杯下放了一个酒精灯并且点上了火。没多久所有的跳蚤自然发挥求生的本能，每只跳蚤再也不管头是否会撞痛，全部都跳出了量杯以外。

试想，若跳蚤变成人类，把量杯比喻为家庭或社会，是否我们也会为了适应环境，又不愿改变习性，而甘愿降低才能，封闭潜能而去适应呢？人们自己创造环境，但也容易被它困住；环境的压力是无所不在的，它会减弱，但是它不会消失，我们不能一直压抑自己，萎缩自己来适应它，我们应该激发潜能，开发新知识去迎合它的需求。

倘若孩子也像跳蚤一样，那么父母便应做他脚下的那一把火，具有鼓励、肯定、关心、指导，乃至寻找机会的功能，如此天下再也没有困得住你孩子的量杯了。

## 怎样提升自己

没有任何其他方式比“忽略”提升自己更快速地提升自己了，因为您已经完全融入，不知不觉中便以飞快的速度提升了自己。那些时时想着要提升自己的人反而不得其门而入，就像成天嚷着要赚大钱的人大多数最后都赚不了大钱，自认为比别人优秀的人绝对不是真正优秀的人，真正优秀的人根本不会刻意去比较，甚至压根就不曾想过什么是“优秀”，因为他的脑袋中已经专注于他要做的事，无暇去想象跟这无关的事。因此，最快速提升自己的方式便是不刻意想要“提升自己”，换言之，确实实践“提升自己”的方式便是亲自动手去做任何有关“提升自己”的事项，唯独要放弃“提升自己”的字面想法。

## 您的孩子真的可以出类拔萃

儿童之所以能够自行学到各种知识，原因是他好奇、好问、好动、好探索的童心特征，使得教育能够事半功倍。

一件小事也可以悟出大道理，整天蹲在河边看着鱼儿游的小孩可能比成天窝在家中读书的书虫还要强，因为他愿意亲身去感受最真实的境地，用他的耐心去成就一段珍贵的过程。求知的过程中有亲身感受的知识一定比由书上得知的要真实且确切，书本只是印证自己的经验与体悟。您可以带着孩子直接去体会事物，不需依赖太多书本知识。例如，您可以带着他一起种植一棵植物，细心地观察每天的变化，计算树叶大小、树茎长度、树的重量等种种变化情形，不要管这些数据有没有用，对孩子有没有直接的帮助，不要有功利的想法，因为重点在过程，而非结果，唯有实实在在体验过程的孩子才知道如何将获得的知识应用于外，最后“从头到尾都是你的”。

当然，在此并非强调不要读书，而是训练一种观察力、领悟力、研究力与感受力，幸亏所有的高深教育都走向上述的训练方式，证明这样的一条路绝错不了。不要有太多的干扰，不要理会他人的看法，不要被太多琐事烦心，有时粗茶淡饭反而是好的，这样您和孩子有更多时间去探求你们想要追求的知识，即使是以前从未接触过的，也会得心应手。您会发现，原来世界是这样大、这样精彩！

## 不要墨守成规

人的头脑是活的，带领孩子学习有时遇着瓶颈时，应该转个弯想一想。一个寓言故事是这样的：从前有位宗教领袖，写了许多很有名的经典，告诫人们应该遵从什么规则，人们也将此经典视为圭臬，甚至有任何问题都需先翻开经典，根据经典的指示而行。有一天，这位领袖行经一座桥时不慎落入河中，他的弟子情急之下不知如何是好。“打开经典看要如何救领袖。”有弟子说。就在翻阅的同时这位领袖早就溺死了。

不要墨守成规，认为人家的孩子为什么用同样的方式教就可以教得很好，我的孩子为何教不好。要知道，每个人都有不同的特性，那些将人一味以齐头式平等看待的独裁者只会让人民完全没有创造力，让国家一片死寂。每个孩子都应接受量身订做的照顾，适时改变原则，如果本来由右至左的方式改成由左至右可能对自己的孩子会更好，那么父母应毫不犹豫、力排众议采取对孩子最适合的教育方式。

## “专家化”的迷思

许多父母会觉得孩子在有些时候显得很笨，一件简单的事怎么教都教不会，便显得很沮丧，认为自己的孩子无药可救。但事实上我们发现这其实不是孩子的错，反而是父母的错，为何如此呢？主要是父母没有为孩子设身处地地着想。试想，小孩的心智、成熟度、经验都差大人一截，本来大人以为是很简单的动作，对他则不然。比方说：学游泳这件事，一位会游泳的大人正在教小孩，他告诉孩子学蛙泳的种种动作，腿向外扩弯再踢直，紧接着手向前划去，再重复同样的动作。这时，妈妈再亲自示范一次，以为这样孩子就能够跟着做，但事实上孩子的表现却大相径庭。妈妈捶胸顿足地说：明明就是这样简单而已，为何总是手脚不协调？

其实对孩子来说，这样的学习等于是复杂的过程，光是克服不使自己身体沉下去就不容易了，还要顾及四肢的协调性更属不易。想象学习开车，一位会开手刹车的人正在教不会开车的人，这位教导者心中可能会有此起彼落的声音："明明告诉他应该边踩油门边放离合器，为何总是让车子熄火呢？……换档时应注意踩离合器……我明明示范给他看了，为何还是弄不懂……"

其实正如以上所言，都是教导者犯了"专家化"的毛病，认为学习者应该很快学会这么简单的步骤，但可惜的是，尤其对孩子而言，每个步骤都需细心的教导才行。

此外，亲子间紧密的互动有助于降低"专家化"的现象，亲子间的互动决定亲子关系的亲昵度，而亲子的对话在亲子互动中占了绝大部分，良好的对话可增进亲子关系，不好的对话可能将亲子关系陷入冰窖。

**家长对孩子用语的转换**

| 不适当的用词 | | 适当的用词 | |
|---|---|---|---|
| 语气 | 内容 | 语气 | 内容 |
| 责难 | 你和其他人一样，实在没办法做好这件事。 | 鼓励 | 孩子，遇到困难的时候请记得找我帮忙。 |
| 威胁 | 你再犯一次错，我就不原谅你！ | 鼓励 | 希望你能够记取这次的失败，寻找原因，下次就能改进！ |
| 不耐烦 | 不要烦我，走开！ | 耐心 | 如果你需要帮忙，等一下再来帮你，好吗？ |
| 命令 | 去把厨房地板拖一拖！ | 尊重 | 厨房地板脏了，麻烦帮妈妈把地板拖一拖，拖把在阳台！ |
| 讥笑 | 连这一题都不会，去重读幼儿园好了！ | 耐心 | 这一题对你来说是不是有点难呢？没关系，我们再来做一遍！ |
| 嘲讽 | 连3岁小孩都知道如何做这件事！ | 耐心 | 不知道如何着手是不是，没关系，我来教你！ |
| 追究 | 你考试考不好实在让我太失望了！ | 鼓励 | 只要你已彻底检讨为何考差的原因，我就不怪你，下次加油喔！ |
| 失望 | 我对你已经没有任何期待了！ | 期待 | 加油，我相信你行的！ |

## 不要处处追求最好的

由于科技的发达，计算机升级的速度就像百米赛跑那样快，举例来说，自从 Windows 出现以后，从 Windows 95、Windows 98、Windows 2000 到现在的 Windows XP，只要有新的版本出现，大家就抢着更新软件，仿佛没更新到最新版就跟不上时代，没跟上时代就退回到远古时代似的。其实仔细想想，大部分的人不尽然会用到最新版的功能，也许 Windows 95 就足够满足大部分人的需求，但是许许多多的人仍是毫不迟疑地跟紧脚步更换新软件，总是希望自己的东西是最好的，不管有没有用到。

有些父母爱子心切，希望给孩子最好的教育，只要有任何最新的信息或者有人创造新的学习方式，如某某速读法、某某母语学习法、某某神奇记忆法，都立刻采纳然后灌输到孩子身上，希望能够立刻化腐朽为神奇，而不管孩子是否吸收得了。这种揠苗助长的方式不但无益于孩子的学习发展，而且有可能影响到孩子身心的健全发展。

## 不要跟其他人说你的孩子有多棒

有一个画面是这样的：三个母亲在一起聊天，甲说："我的孩子真贴心，我煮饭，他会帮我放碗筷；我洗衣，他会帮我晒衣服。"乙说："我的孩子钢琴才学半年就弹得很棒，小华，出来弹给阿姨们听……"丙则说："我要赶紧回家去看我的孩子将晚餐准备得怎样了！"

与其对别人说你的孩子有多棒，不如当面夸赞您的孩子有多棒。其实，当你对他人说自己的孩子有多优秀时，便是希望能够听到别人的赞美，相对地便是在乎他人的看法。如果太在乎他人的看法，便容易患得患失，失去自我，一切以世俗为标准，最后孩子只是落入竞逐的猎物。你这样便是把孩子锁住了、框住了，让他喘不过气来，最终扼杀了他应有的天赋。因此，请将赞美留给孩子，让孩子得到温暖的空气。

## 最怕的是有偏见的父母

小明的爸爸是大学教授，妈妈是高中老师，小明在4岁时经医生诊断为轻微自闭症，但父母极不愿意接受这样的事实，他们认为自己的教育背景良好，医生一定诊断错误。直到上小学时，老师发现小明无缘无故有攻击人的倾向，或者毫无理由地发脾气，老师耐心地试着教导他却徒劳无功，最后只得将父母找来，但找来后才发现父母全盘否认孩子有心理问题的事实，极力辩称孩子在家中表现正常，一口认定是其他同学欺负他，老师却疏于管教，才导致学生之间的纷争。

父母的偏见加之于事实的认定其实有不良的影响。有位老师告诉我，以前她在一个小学二年级的班级中教数学，教到一个题型时，她便按部就班一步一步解出答案，但学生回家后家长认为老师的教法需要花太多时间，他认为自己可以教孩子另一种最快速的方法，于是告诉孩子："你们的老师真笨，不懂得利用这种方法……"可惜的是这样的方法让孩子无法完全明白解题的步骤，只得死记公式，结果考试时，孩子因题目内容稍微改变竟完全解题错误，拿了个大鸭蛋。

考鸭蛋事小，更为重要的是，在孩子小小的心灵中被灌输"老师真笨"，造成孩子对老师的不信任，老师也对孩子抱着拒而远之的态度。这样的结果身为父母应该警惕，有时自己的偏见很容易对孩子产生极大的影响，进而产生严重的后果。

## 家长观念的调整

人们对“教育”一词下了诸多定义，一个普遍的说法为：一种有关培植人才、训练技能，以支应国家建设、社会发展的事业。另一说法则为：将一个人教化成为健全的生命个体的过程。无论是何种解释，它绝对是一个慢工出细活的过程，也因此绝不可以一般的事业看待之，相对地，它还包含了一种至高无上的精神，以及责无旁贷的责任心。但可惜的是，越是进入科技、网络、电子充斥的社会，其价值性就越与现代社会相冲突。不明理的父母总是期待“捷径教育”，花大笔金钱将宝贝孩子送进高学费的学校就读，以为从此可以高枕无忧，花了这么多钱学校就会将孩子教育得极佳，但往往事与愿违，因为学校的生活只占学生生活的不到三分之一，孩子大部分时间还是在家庭中度过的。另外，有些家长也崇信“快餐式教育”，只要将孩子送进补习班、才艺班，便期待能立即开花结果，每天都追着老师问：我的孩子进步了多少？殊不知教育是一点一滴的耕耘，家长的强求和不适当的期待，会造成老师莫名的压力，进而影响教学质量。

因此，家长的观念应有所调整，须静下心来想想什么才是对孩子最有益的，什么才是最符合孩子需要的，如此才可能培养出健全的人格。

家长观念调整的过程

| 调整前 | 调整后 |
|---|---|
| 花大笔钱孩子就可获得良好教育。 | 花大笔钱与接受良好教育不一定成正比。 |
| 尽量满足孩子的物质需求是对孩子爱的表现。 | 应经过理智的判断满足孩子适当的需求，否则爱之适足以害之。 |
| 多让孩子学习各项才艺可让孩子高人一等。 | 学习才艺不在多，配合孩子兴趣学得精才是重要的。 |
| 考试得满分或者第一名可以光宗耀祖、向他人炫耀。 | 不可为了光宗耀祖的私利强迫孩子，重要的是让孩子自在地学习。 |

## 父母对孩子性别差异的认知

如果你的孩子是男生，你会如何教育他？如果是女生，你又会如何教育她？大部分父母可能都会回答：没什么不同啊！事实上大部分的家长由于受到传统礼教的束缚，在不自觉中便有性别上的偏见，试问：你到玩具店买玩具，会不会不自觉地挑选芭比娃娃给女儿，挑选小汽车给儿子？你吩咐孩子做家务时，会不会不自觉地挑选洗碗盘、擦桌子、拖地的工作给女儿，洗车、修剪花木、买酱油的工作给儿子？若是工作对调，换成儿子洗碗盘，女儿洗车其实也能达到功效，但基于一种性别上的金科玉律，很少父母能够突破传统，让孩子这样转换角色。但试想，如果让孩子只是很“规矩”（指的是性别上规矩，非指行为上的规矩）地长大，是否限制住了孩子原本应该发挥的多元才华？

你应该让孩子的成长无远弗届，破除性别上的迷思，如果他接触了所有无性别束缚的事物，那么他的思想、经验便可全方位发展，我们相信各国女总统、女总理及政府女主政者在儿童时期的成长过程中必有异于一般人之处，其中一项必是摆脱了性别上的束缚。

## 孩子面临社会化现象所必须面对的问题

根据美国《纽约时报》一项统计资料，美国半数的孩子是与离了婚的父亲或母亲住在一起的，有63%的孩子的家庭属双薪家庭，而只有25%的青少年回到家中时妈妈在家中，并且孩子每天有3.5小时的时间独处。顺应现代社会的需要，越来越多的家庭无法兼顾事业与教育，父母遂偏重事业，放弃教育。慢慢地，孩子不再是自己的孩子，而是电视的孩子、网络的孩子、电动玩具的孩子，这群孩子成长的经历已与过去家庭生活中的孩子大不相同，这种经历带来的后果恐怕是你我无法预测的吧！

现代社会迈向多元化，家庭的种类也越来越多元，例如单亲家庭、混血家庭、隔代教养家庭、继亲家庭等日益增多，结构的改变会使孩子接触的环境、教育不同以往。此外，极度贫穷的家庭、父母一方犯罪的家庭、父母一方有长期疾病的家庭、父母有暴力倾向的家庭都会出现在我们的周围，或者自己的家庭就是属于上述之一。

孩子受到家庭的影响极大，倘若孩子生长在这样的环境中，父母或父母中的一方更应悉心照顾孩子，让孩子免于感到恐惧而乐观地成长。父母也应有信心认为一定能够突破困境，有时逆境反而更能磨炼孩子的心志。俄国大文豪高尔基说："贫穷是一所最好的大学。"有许多例子显示，在贫穷家庭中成长的孩子反而较少受物质的诱惑，较能专心于课业，许多长大后都能出类拔萃。另一种状况是：如果小时候孩子曾经看过父母吵架，尤其是父亲欺负母亲的情景，那么孩子长大后与母亲会有特别深厚的感情，这种家庭成长出来的孩子也较能体谅他人。

## 父母离婚

目前社会离婚率节节升高，对儿童而言，父母的离婚会带给不同年龄的孩子无限的悲痛，大部分孩子所呈现的反应为沮丧、不安、孤独、落寞，同时对课业失去兴趣、成绩落后，在成长过程中，比别人多承担了一份来自父母变故的压力。这群孩子由于缺乏完整的爱、归属感及生活上的照顾，而在学校生活中人际关系不佳、不热衷参与各项活动，甚至有些孩子出现偷盗、蓄意破坏、逃学、仇视别人、遇事动辄以暴力解决等问题。

婚姻破碎任谁也不希望发生，但既然已成为事实，父母应设法减轻对孩子造成的伤害。可能的话，尽量由父母双方共同把离婚之事告诉孩子，不要一味隐瞒，让孩子有心理准备，告知孩子这样的信息最好能两人共同出席，这样能减缓许多不必要的情绪压迫。

父母离婚后负责教育孩子的一方应尽可能减少孩子生活的变动，让生活起居尽量仍像从前。如果必须做一些变动，如搬家、转学等，也应耐心解释给孩子听，这样对孩子的冲击不至于太大，同时应设法从其他方面弥补孩子的伤痛。

针对离婚家庭的孩子，父母应采取下列对待方式：

1. 对孩子的行为应有所要求，同时让他知道父母爱他的心不会因为离婚而有一丝一毫的减少。

2.协商好探访孩子、轮流照料的方式。

3.不管多忙,每天都得匀出些时间来陪陪孩子。

4.通知孩子的老师,请老师们帮忙留心孩子在学校的课业和行为表现有没有什么变化。

5.让孩子成为自己的朋友,一起分享心情,但应避免有太大的情绪上的起伏。

6.如果孩子的问题特别严重,应找专家、医生给予协助与辅导。

## 皮亚杰与维果斯基对教育的看法

皮亚杰与维果斯基都是世界上有名的心理学家,也是对教育有卓越贡献的教育家,两人对于儿童教育都提出过许多看法,虽然不尽相同,但都强调孩子主动探求知识的天性。

皮亚杰从生物的观点出发,强调孩子就如同大树一般,只要给他充足的阳光、空气、水,就可使其茁壮成长,因此为孩子设置一个良好的学习环境相当重要。一个充满激励的环境可使孩子自行探索到知识,这样的方式学到的知识远比大人强加灌输而得来的有效果。例如做一盘菜,如果有适当的火候、精挑细选的食材、最佳的佐料,配上经验老道的厨师,这道菜一定会非常好吃。

维果斯基则从社会的观点出发,强调孩子在一定的水平下,只要有大人拉一把(注:“拉一把”的意义在于不只满足孩子知识上的需求,而且要教孩子如何探求知识,产生新的思维),就能够自行学习。这就好比一盘极好吃的甜点(知识)摆在厨房桌上(诱因),一个极喜欢吃甜点的小男孩也准备好了刀叉(基础),加上父母的首肯(指引),以及他整天没吃东西(动机),可想而知当他看到甜点时会如何解决掉这些食物。

此外,依据维果斯基的实验,孩子面对困境时,由于其自我中心语言增强,便易喃喃自语:“怎么办,怎么办……干脆这样做好了!……”这时儿童脑部正在调整以解决困惑、纾解情绪。这样的过程是处于顺境的儿童所无法经历的。

对于错误答案的看法,两位专家比较一致,认为儿童在答题时,错误的答案反而比正确的答案更重要,正确的答案表示儿童认同此一观念,而错误的答案不一定表示儿童一定完全不会,可能只是不知如何回答,或者另有看法。儿童这样的情况其实与“完全不会”相差甚远,但一般的测验却无法测出。

**依皮亚杰理论延伸出的教育方式 VS. 传统教育**

| 传统教育 | 皮亚杰教育 | 说明 |
| --- | --- | --- |
| 1.坐在课堂上听讲。<br>2.问问题几乎只找举手的学生回答。 | 1.直接感受周围环境的刺激。<br>2.面对面恳谈的方式。<br>3.你问我答的方式。 | 皮亚杰的方式最适合家庭教育,学校教育可能无法做到,因为老师一对多的方式无法确实掌握每位学生,例如:不举手回答的学生可能不代表不会,但一般教师便容易误解。 |

## 认真严肃地教育孩子

有些人处理事情马马虎虎,本来一件作品要经过十道程序才能完成，但马虎的人为了省事可能忽略了两个步骤；又如，洗盘子的人为了偷懒，原本应有 5 个程序却只用 3 个程序就草率了事。这些人的心态都是："反正没被人发现就好。"但是父母教导孩子，这样的心态其实是极不恰当的。例如，有的父母带孩子过马路，为了省事，会舍斑马线而穿越马路，或者，看到孩子随地丢弃垃圾却不加以制止，都是极不适当的。

切记，教育孩子的责任落在您身上，不要不当成一回事，事实上，您其实很幸运，他只是一个孩子，而不是成熟的大人。大人对事情早有成见，观念难以扭转；孩子就像纯白的黏土，要将他塑成什么样的形状在于您。如果您认真地教育孩子，其实孩子也会以各种形式回报给您，让您感动莫名！

## 父母对孩子的处罚方式

有状况发生就必须要有处置，例如孩子故意破坏家中物品，父母有时可能无法马上想出法子处置，但只要在不刻意伤害孩子的前提下，所有的处置都会有作用，而不应坐视不管。父母一旦睁一只眼闭一只眼，孩子会以为他的行为是可以接受的，下一次便会再一次挑战更大的尺度，直到不可收拾为止。

处置的时机最好以及时处置为宜，这样便能立刻纠正孩子的错误，若因当时情况不允许而必须延后处置，也不要超过隔天，否则处置的理由便会薄弱许多。同时，在处置时不应加诸父母的怨气，应试图为孩子解释其过失的原因，使其心服口服。

## 当优质的父母

什么是优质的父母，简单来说，就是称职的父母，能够带领孩子走向最正确方向的父母。但没有人天生就是优质父母，都需借着不断充实自己的知识，提升自己的养育技巧才可能成为优质的父母。笔者认为欲成为优质的父母，须有三个取向：孩子需求取向、成长需求取向及关系需求取向。

**优质父母基本条件**

| 取向 | 内容 |
| --- | --- |
| 孩子需求取向 | 爱，照顾 |
| 成长需求取向 | 带领正面发展，身教，言教，成就感 |
| 关系需求取向 | 良好互动，合理管教，良性沟通 |

## 家庭民主化

孩子从小学习民主的精神有助于人格健全发展，懂得相互尊重。孩子在学校当然也是学习民主生活的过程，例如班会的过程、团体竞赛、小市长的选举等。而孩子在家中其实同样可以学习民主精神，只要父母把握适当时机，掌握诀窍带领孩子学习就能实现。当父母讨论家中事务时，有时可适当邀请孩子参与意见，例如一起讨论如何节约用水、如何让家中垃圾减量等，或者假日外出，父母也可询问孩子意见，选择大家共游的适当场所，种种的机会都可从生活的细节中发掘。父母与孩子外出购物时，也有许多民主教育的机会，例如选购某样物品时，父母可请孩子代为比较何者为优、何者为劣，当然父母必须教育孩子由哪些因素进行考虑，如价格、质量、功能、方便性等。

## 谈论敏感话题

社会的许多现象正在灌输大量的信息给孩子的心灵，例如同性恋问题、性泛滥问题、战争问题等，父母千万不要以掩耳盗铃的心态对待孩子，认为只要回答“不知道”就可以躲避一切。父母只要回答一次“不知道”，就等于抹杀了孩子迈向更进一步学习的机会。其实很多现象都是必须设身处地去想的，父母可以告诉孩子每个人在这个地球上都是平等的，都应获得尊重，包括身体的尊重、心理的尊重等，侵犯他人自由权是不正当的。

如果父母耐心为孩子解说各种问题，以亦师亦友的关系对待孩子，培养孩子更广阔的胸襟与视野，以后他面对此类问题，如生老病死等，相信都可以以较豁达的态度面对。

## 行行出状元的观念

我们的教育有时会误导孩子偏向功利思想的思考，例如在小学孩子一定会写到的一篇作文是《我的志愿》，孩子在老师及教学环境的导向下总会产生误解，以为社会上的职业只有医生、律师、教师、工程师等少数高阶行业，其他则属于低下行业。父母也一味地灌输孩子只有这些高阶行业才是有前途的行业，其他是万不得已才从事的职业。但国外则不然，许多的教材显现的职业包罗万象，如司机、消防员、农民、园丁、军人、警察、救生员等。笔者曾在国外小学的课堂上问及孩子以后的志向，结果几乎每个孩子都能够对自己想要从事的行业清楚地诠释一番，即使是选择要当农民的孩子也能够很有自信地表达自己的想法。如果这些孩子换成在国内接受教育，恐怕不免被老师或家长视为没出息。

其实每位父母都应相信每个人都是一颗小螺丝钉，不起眼却重要，不要忽视自己的工作，即使是农民也会对社会有大贡献，这样的观念应深植孩子心中，不要让他们为了迎合社会价值取向而失去自己的潜力。

## 你与孩子都不要盲目比较

现在孩子流行学什么？隔壁王妈妈说：“学芭蕾舞。”对面李阿姨则说：“我让孩子学心算！”你拿不定主意，干脆让孩子两样都学好了，然后心中沾沾自喜：“哈哈！我的孩子比他们的孩子多学一样，将来必定比他们有成就！”

如果你一直处于“比较”的心理状态中而不考虑实际情况，不自觉也会让孩子落入这样的心境当中，并没有多少人有足够的力量永远居于优势，如果心里想要处处都比别人强，难免有面临崩溃的危险。在一项研究中，针对一个班级的学业成绩作调查：原本入学时该班学生各科成绩皆表现相当，但经过一年之后，将成绩较好的前半部学生与成绩较差的后半部学生比较，分析其学习动机，发现其最大的差异点在于:后者认为再怎么努力都赢不了前者,于是自暴自弃,遂将注意力转移到其他活动或者玩乐上。而学校教育在现实中就如同金字塔般层层而上,越往高处越狭隘,这中间过程不外乎逐渐淘汰许多不适应的人。试问,你的孩子是否一路求学皆能保持好成绩,进入好学校呢?问题是,越是就读好学校,竞争者越多,学生个个是精英,难保孩子在班上不落入后半段当中。如果孩子的比较心态太重,一时间无法接受这样的结果,便极易选择自我放纵,没有再继续学习的动力。因此,为了避免这样的危机出现,家长与孩子应及早调整心态,不将“比较”作为唯一目的才是上策。

## 从小我到大我——拓宽孩子的视野

试想古今中外许多伟人,如爱因斯坦、史怀哲、特蕾莎修女,他们与凡人的差别究竟在哪里?为何这些人为世人所景仰?“为何同样为一体之躯,这些人绽放的光芒如此的明亮?”我想主要是小我与大我的差别吧。大部分的凡人一生汲汲追求的只不过是自身周围延伸数公里甚至顶多数十公里范围内的、且与自身利益有关的事物,而这些伟人的思维却是跨国界的,没有距离之分的,他们将小我的爱转化为大我的爱,差别如此而已。

如果所有的父母都认定孩子属于社会的资产,有义务让孩子为社会付出,那么孩子就逐渐从自我、父母、家庭的小我观念跨越到社区、社会、国家、世界之大我的服务观念,这样大公无私的精神足以为世界增添一份和谐。

而光有这样的理想是不够的，还需家庭的整体配合，让孩子无后顾之忧，如果孩子总是牵挂着父母是否吵架、身体是否无恙、家中是否常有人讨债等恼人的问题，就较难再有余力建立大我的服务观。

## 第十一章

# 教育新观点:家庭教育与学校教育的整合

自古以来,孩子接受教育的模式,不外乎到学校接受学校教育,回到家中接受家庭教育,等到孩子渐渐长大后,又融入了社会教育。这几种教育总是交互影响着一个孩子的学习与发展,但这几种教育始终各有缺失。例如,有家长抱怨孩子原来在家中总是表现良好,规矩又听话,但进入学校后却变了一个模样,开始学会说脏话,并常说谎,且常与同学吵架等,遂怪罪学校老师没教好孩子,而校方却指出孩子在学校交到坏朋友,老师管理大班级无暇注意到这些细节,且声称孩子的家庭教育没有做好,孩子过于娇生惯养,无法吃苦耐劳,将责任再度归于家庭。

现今学生在学校教育出现了许多问题,不外乎下列几大项:

1. 学生学习低落,学业成绩不佳。

2. 学生品行不佳,尊师重道的观念荡然无存。

3. 学生情绪不稳,容易发生行为偏差。

4. 师生关系不佳,教师不知为何而教。

5. 学生价值观偏差,一切只以现实利益为判定标准。

在学校中,老师扮演举足轻重的角色,学生一切行为准则皆以老师的教导为依归。对大多数的孩子来说,老师的统一指令即可掌控孩子的行为，但对少部分的孩子来说，可能需要更多细致的教导才可深深植入孩子心中使行为改正。但可惜的是目前整体来说，一个老师需要兼顾三十个人以上的大班级，无暇对所有的孩子全盘掌握，于是出现了教导上的漏洞，这样的漏洞借由孩子之间的相互影响可能弥平，也可能因为孩子间负面的影响使漏洞更大，但通常后者的可能性较大。

## 目前学校与家长互动方式

大部分学校对于与家长的互动已有固定模式，欲了解目前学校与家长的互动方式有哪些，可参见下表：

| 项目 | 内容 | 可能的缺失 |
| --- | --- | --- |
| 电话访问 | 家长与教师直接以电话联系，彼此了解孩子在家中与在学校的状况。 | 只能针对立即的问题提出解决，造成头痛医头、脚痛医脚的毛病。 |
| 联络簿联系 | 家长与教师借由孩子的联络簿彼此沟通，解决问题。 | 对于孩子的行为，可能非三言两语所能描述，往往流于隐藏不报或敷衍了事之憾。 |
| 家长到校 | 当家长认为有必要，则直接找学校主管当面沟通。 | 有时家长不明就里，反而干扰了学校教学与行政，造成冲突对立。 |

## 目前家长参与学校活动（组织）

目前家长参与的学校活动大致如下：家长会、班亲会（亲师会）、教学观摩、家长委员会、户外教学、各种游园会、文化节庆活动等。综观以上活动或组织，由于学校与家长间的联系不确实，抑或家长事业忙碌无暇参与等，许多流为形式化、表面化，家长无法确实参与孩子的学习。

## 新的教育模式：家庭教育与学校教育的整合

为能解决上述问题，新的教育模式为“家庭教育与学校教育的整合”，意即让家庭走入学校，也将学校教育拉进家庭，让家长也能负担部分教育孩子的重大责任，对孩子的状况能够全盘掌握。另一重点为借由家庭间的联结让彼此互相吸取家庭教育的经验，相互合作，相互帮忙，此一部分将在下一章节中详细介绍。

目前学校与家庭的关联仍然太少，应该全盘检讨。目前充其量只是表面上的联结，如功能不彰的家长会、流于形式的班亲会等，对于孩子实际上的发展帮助不大，应由更底层进行联结，但学校仍为教学主导单位，家长只站在协助与支持的立场，而非对立的立场，应共同规划与协商孩子的辅导教育。

哲学家奥修强调，其实孩子不是自己的，而是社会的资产，每个大人皆有责任教育社会的孩子，给孩子最好的照顾。孩子若只接触单一家庭，只习得父母的习性，不管是好是坏照单全收，对孩子恐有不利影响。若能让孩子有机会接触不同家庭、不同父母，则孩子的视野便会开阔，对事物有客观的判断，这样的孩子在这样的环境下成长便能不偏不倚，培养成健全的人格，这就是社区家庭的概念。现在，借由与学校的联结，希望能让家庭教育更加延伸成社区教育，亦让学校教育有多元化的发展，二者互蒙其利，真正带领孩子走向美好的未来。

## 家长参与学校事务的分野

笔者虽然希望家长积极参与学校事务，但仅止于自己孩子班上的事务及学校活动，应避免直接涉入学校行政及学校管理，此两方面包含学校规划、决策、组织、命令等事务，应由校方统筹办理。另一方面，若说学校事务概念上分属于教学活动与非教学活动两类，则家长参与的事务应偏重于非教学活动，如学生的伙食、校内活动、课外活动、交通管理、学生辅导等。

## 家庭教育融入学校教育的概念

以往学生在学校的学习大都是纵向教育，而家庭教育的融入便是促使其加入横向教育。两者关系简图如下：

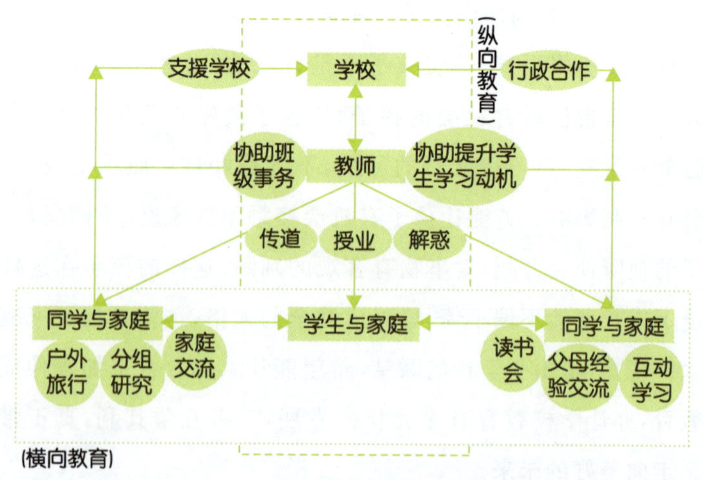

在横向教育的概念下，即可了解学生的学习不只是限定于向教师学习，而是借由多方面的接触让学生受到更多元的教育。例如，在横向发展的教育里，借由同学间的互动，加上父母的全心参与，学生家庭间可进行户外旅行、分组研究、家庭交流、读书会、父母经验交流、互动学习等活动。因此，在横向教育的概念下，学生间的家庭互动便显得特别重要，作个比喻来说，学生家庭间的关系便如同蜂窝型组织。

**学生家庭蜂窝状组织关系**

此蜂窝型组织以班级为单位、以老师为中心，各个家庭则围绕着老师进行互动，家庭间的互动关系相当紧密，且相互影响。在这样紧密的互动之下，老师就像有三十只手的大章鱼，借由家庭的协助，将每个孩子紧紧维系住；每位家长就是老师的眼睛，替老师观察孩子在家中的行为，然后作有系统的反馈。老师的角色成为分析师，向家长提供最有效的解决方法与最适当的建议，通过这种方式便可将孩子完全掌握，成为从头到脚一连串的学习历程。

家庭教育与学校教育整合成为纵向教育与横向教育的集合体后，孩子的学习便无时空之分，无论在哪个环境中都是处于学习状态，更深的含义是并非学校获得的教育为唯一教育，家庭教育更能成为另类经验教育中的榜样。同时，不只孩子学习，家长也在无形中与孩子一起成长，同时督促家长更加关心孩子，让其了解教育孩子的责任不只在学校，家庭也占了很重要的部分。

另一项重点则是在孩子的行为教育方面，父母经由与孩子其他同学家庭的频繁接触而有“见贤思齐，见不贤内自省”的作用，使孩子接受到的都是正面的行为信息，在学校训导制度上可增进管教作用。

## 家庭与学校整合的具体建议

家庭与学校欲维持更加和谐融洽的关系，携手带领孩子成长，下列具体事项可供参考：

1. 经过训练及资格审核过的家长进入学校协助班级事务。

2. 家庭认养学校植物。

3. 执行成长记录：有计划地循环至每一家庭中，如父母心灵成长簿、父母教养小秘诀、父母生活经验谈等，最后成为大册子，让各家庭的特色得到交流与分享。

4. 每学期至少有一次大型分组研究报告，让家庭一起参与。

5. 家庭间轮流分享故事、珍贵收藏、代表性纪念品、照片等。

6. 某些学校课程可由学校与家庭一同制定，每班可视孩子程度、需要甚至不同家庭背景特性制定不同课程。

7.学校部分活动可由家长规划举办，如游园会、体育竞赛等。

8.对于许多节庆活动，如中秋节、端午节或者西方的感恩节、圣诞节等，都可由家长分别提供食物至学校共同分享。

9.家长参与评估，使评估更加多元，如闯关评估、游戏评估、档案评估、动态评估、实作评估等。

10.发行班内刊物。

11.自办班级小型读书会。

12.学校对于学生的家庭间应负起以下的职责：

(1)宣扬学校理念，让家长充分了解。

(2)让家长融入。

(3)借由推出各项教学活动，让家长增强对学校的信心。

13.学校举办的竞赛活动尽量让家长与孩子一起参与。

14.学校增设一个属于家庭的常设机构，此机构功能如下：

(1)对学校问题提出具体建议。

(2)家长与学校沟通的桥梁。

(3)学校活动参与规划。

(4)联结与协调家庭与家庭间的事务，诸如读书会、旅游活动等。

(5)遴选妈妈义工。

15.推动家长义工制度，协助校务发展。

16.家长在家协助增进孩子学业能力：家长在家对孩子进行教导也是参与孩子教育的一部分，不容忽视。根据研究统计，家长在家鼓励孩子、协助家庭作业解说，以及其他与课业有关的活动能提升孩子的成绩，因此，花时间多陪孩子乃明智之举。除家庭作业的协助之外，以下两项与课业有关的活动可供参考：

（1）与孩子共读：每天晚上利用一段时间，与孩子一起阅读文章，将对孩子的发展有很大帮助。家长也可利用辅助设备，如摄影机、录音机等，录下孩子阅读的习惯及发音，对于纠正阅读行为有极大帮助。

（2）书写日记：培养孩子写日记的习惯，可帮助孩子提高写作能力。

## 家长即老师——训练孩子的阅读能力

父母是孩子的第一位老师，孩子早期受到的影响大部分来自于父母。阅读童话书有助于开阔孩子的视野，大声朗读可训练孩子发音咬字及口语流畅度，同时也可刺激脑部发展。

首先，家长应先提高孩子阅读的动机，一般说来，人的阅读动机不外乎乐趣、吸收新信息及新知识，以及为考试而读，因此，引导孩子阅读首先要引发乐趣，让孩子感到阅读是一件有趣的事，而非强迫而读。

### 提高家庭阅读的诀窍

1. 鼓励家族成员或朋友送孩子图书为生日礼物。
2. 教孩子商店中各种物品的名称。
3. 大声念故事书给孩子听。

## 父母选择阅读教材的标准

1. 字数。
2. 文字深浅度。
3. 书本设定的年龄标准。

## 指导孩子阅读的方式

| 方式 | 适合年龄 | 技巧方法 |
| --- | --- | --- |
| 父母读给孩子听 | 2～5岁 | 1. 清楚地大声读,展现生动活泼的表情。<br>2. 若孩子的年龄太小,则父母指着字读。<br>3. 时常察看孩子的表情,若面露疑问则应放慢速度或询问孩子是否明白,必要时重复上一段。<br>4. 有些故事是循环情节,例如:小鸡告诉猴子:"天空要下雨了!"猴子告诉小羊:"天空要下雨了!"小羊告诉小猪:"天空要下雨了!"父母可顺势让孩子回答:"天空要下雨了!"这会让孩子对情节产生兴趣。 |
| 孩子自己读 | 7～12岁 | 1. 父母选择适当的教材,并当一位忠实的听众。<br>2. 孩子开始阅读,家长记录下孩子的问题点(流畅性、音调、断句等),必要时提供适当的协助,教孩子学不认识的字。<br>3. 阅读完毕后父母针对孩子阅读的内容提出问题,让孩子回答。<br>4. 必要时指导孩子正确的阅读方式,并带领孩子念一次。 |
| 亲子共读 | 6～10岁 | 1. 让孩子自己选择喜欢听的故事书,即使他已听了许多遍,孩子总是对重复的故事百听不厌。<br>2. 亲子轮流读不同的段落。<br>3. 针对书中的图画对孩子加以说明或让孩子说明。<br>4. 让孩子翻页。<br>5. 读完时试着问孩子一些问题,例如:最喜欢哪一部分?最喜欢哪个角色?<br>6. 当阅读完毕时,让孩子将书放回原位。 |

## 亲子动起来78 找差错

### 目的

训练孩子对于文字的敏感度及理解能力。

### 方式

1. 父母讲述一个故事,但事先更改部分内容或字句。

2. 让孩子找出故事被更改的部分。

3. 父母尽量以孩子现有的知识及能力为考虑,更改易于让孩子找出的内容。

### 教育孩子

阅读一篇文章后应该学着对内容提出问题,有助于对知识有更深一层的理解。

**【文章阅读】三只小猪的故事(找错情节)**

从前有三只小猪,他们决心各自盖房子住。猪老大盖了一间茅草屋,一点也不坚固。猪老二本来想盖一间石头屋,后来却盖了一间木头屋。羊小弟则盖了一间结实的石头屋。

有一天,大野狼来到了羊老大的家门口。大野狼用力一吹,便把猪老大的茅草屋吹得一干二净。猪老大于是跑到猪老二的房子里躲了起来。不甘心的大野狼追到猪老二的家门口,费尽九牛二虎之力,一大口气吹向木头屋,终于吹垮了木头屋。

猪老大与猪老二见情势危急,赶快跑到猪小弟的茅草屋躲起来。大野狼既吹不倒石头屋,又想要吃四只小猪。因此,大野狼想尽各种方法要进到屋里去。它从烟囱爬下去,可是万万想不到,聪明的猪小弟正烧着一锅滚烫的热水,大豺狼因此就被活活烫死了。从此,三只小猪过着快乐无忧的日子。

## 孩子读写的评估

阅读的技巧不只是单向吸收书本知识,而且需要通过回馈等双向技巧达到更深入的吸收,而最直接的方式便是通过评估的技巧达到目标。

### 延伸阅读

孩子读完一本书之后,若觉得意犹未尽,可以再深入探索更多知识,这也是训练提升阅读能力的好方式,例如写日记、找更多相关资料、访问相关经验的人物并记录等。

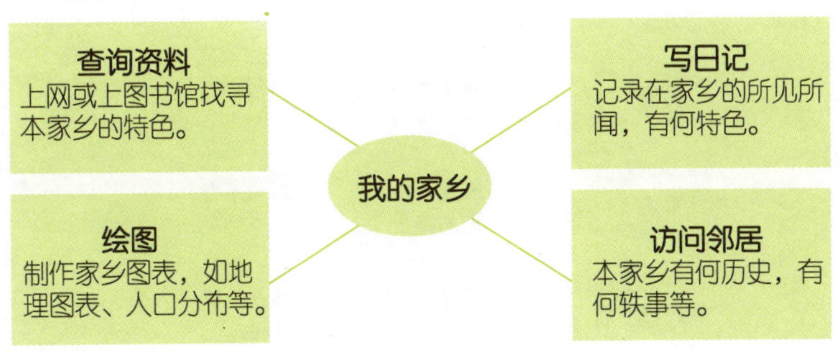


延伸阅读范例

## 亲子动起来79 评估孩子的阅读

### 目的

评估孩子阅读的流畅性、理解性,作为改善的依据。

### 方式

1. 家长选择适合孩子年龄的教材。

2. 让孩子自己读。

3. 家长仔细聆听,并根据下列的表格,记录孩子阅读的情况。若孩子符合内容的表现,则在空格中打"V"。

### 教育孩子

了解自己阅读过程中的各项优缺点,逐渐改善,未来将是个阅读高手喔!

**孩子阅读评估表**

| 性质 | 方式 | 内容 | 评论 |
|---|---|---|---|
| 流畅性 | 阅读 | ______逐字阅读______断句不当<br>______断句得当 | |
| | 重述 | ______有连续性______断句不当<br>______断句得当 | |
| | 声调 | ______平缓______抑扬顿挫适切<br>______低沉______过于高昂 | |
| | 节奏 | ______缓慢______适中______快速<br>______断断续续______调整得当 | |

| 性质 | 方式 | 内容 | 评论 |
|---|---|---|---|
| 内容理解 | 认知理解 | ____认识图片____生字过多 | |
| | 内容理解 | ____音节含糊____常常停顿 | |
| | 重述 | ____情节完整____举一反三 | |
| 寻求帮忙 | 次数频率 | ____经常____普通____很少____从不 | |
| | 询问字数 | ____字 | |
| 念错字数统计 | | | |
| 整体建议 | | | |

**评估标准表**

| 急需改进 | 有待改进 | 大部分了解 | 非常了解 |
|---|---|---|---|
| 1. 无组织性。<br>2. 漏掉重要的细节。<br>3. 不正确的内容。 | 1. 略有组织性。<br>2. 见树不见林。<br>3. 无连续性。<br>4. 能说出一些角色与情节。 | 1. 有组织性,但仍不甚完整。<br>2. 能够概要叙述主题、角色、情节及背景。<br>3. 情节串联得当。 | 1. 完整的组织性及流利的叙述。<br>2. 能够完整叙述主题、角色、情节、背景及重要细节。<br>3. 能使用自己的背景知识及经验诠释故事,并能适时举例。 |

## 亲子动起来 80　重述故事

### 目的

训练孩子对文章的理解力,也可考验其记忆力。

### 方式

1. 与孩子共读一本故事书后,合上书本。

2. 父母请孩子重述一次故事内容。

3. 父母根据孩子的叙述可适时加以补充，或适时提示。同时，父母准备纸笔，根据下列标准，记录孩子叙述的程度。

__________角色是否清晰______重要情节是否叙述

__________表达是否流畅______架构是否清晰

__________结尾是否完整______表情是否生动

__________是否能够准确说出较为艰涩的字句

4. 孩子重述完毕后，父母可问以下问题：

(1)故事里主角遇到了哪些问题？

(2)问题是如何解决的？

(3)你喜欢这个故事吗？为什么？

(4)读完了这个故事，你有什么想法？

**教育孩子**

文章未必需要读得多，但如果都能读得精，就远胜于囫囵吞枣地读许多书。

## 家庭教育与学校教育整合的特色——多元功能的家长

传统的学校教育只有老师教学生，但经由互相整合之后，家长在学校的功能显得更加多元了，我们先来谈谈其中之一：担任协助教学的家长。

为使教师的教学更加顺畅，可由主动热心的家长轮流协助担任助教的工作，但为避免不胜任的家长做该项工作，影响教师教学，校方应组成资格审核小组遴选具备资格的家长，并施以训练，其遴选要素如下：

1.选择具有客观性的家长:家长对待班上的学生应一视同仁,不应对自己的孩子特别照顾。

2.选择手脚灵活的家长:班上的事务千头万绪,家长应有眼观六路、耳听八方的功能。

3.选择具有正确价值观的家长:不应灌输给孩子错误的观念,如学业上、道德上、金钱上都需注意。

4.选择充分配合教师教学的家长:教师具有专业学养,家长应充分配合。

若班上参与的家长不多,也不应滥竽充数选择不胜任的家长进入班级,而只需选择重点课程进入协助即可。校方应视家长与教师同等重要,应邀请家长代表一起参与教学研讨会。

家长在班级中的工作有:

1.协助制作辅助教材。

2.协助教师管理班上秩序。

3.担任教师示范教学的演示角色。

4.处理其他杂项工作。

再者,有些家长有特殊才能或受限于时间因素,可借由课外课程或活动担任辅助教学的角色,目的在于通过家长的专业知识使班上的教学活动更加多元。学生吸收更多平常课堂上吸收不到的知识,有助于让孩子见识更广,引发更多的学习动力。例如:某位家长如果任职于银行,可以将储蓄的概念、银行的流程及服务的项目介绍给学生。当医务人员的家长可以介绍保健知识,懂手语的家长可以到学校露几手,让学生了解不同领域的知识。教师在学期之初开家长会即可了解家长的职业分布,这时教师便可开始设计课程，探询、邀请有意愿参与的家长，并适时提供协助与建议。

**一日课程范例**

| 地点 | XX活动中心＋户外公园 | | |
|---|---|---|---|
| 时间 | 内容 | | 备注 |
| | 父母 | 孩子 | |
| 9:00～10:00 | 养育孩子技巧 | 讲故事时间 | |
| 10:00～11:00 | 理财技巧 | 手工艺制作 | |
| 11:00～12:00 | 亲子大地游戏 | | 亲子一起参与 |
| 12:00～14:00 | 午餐 B.B.Q | | 亲子一起参与 |
| 14:00～15:00 | 分享时间 | | 亲子一起参与 |

除了学校活动与教学之外，教师也可设计假日课程邀请所有学生及家长共同参与，地点并不限定在学校，如此更能接近学校与家庭整合的目的。

## 教师观念的调整

家庭教育与学校教育整合之后，首当其冲便是教师适应的问题，这包括教师工作职务的调整、教学上的调整、对学生事务处理的调整等。许多教师仍有传统的偏见，认为家长只会找老师麻烦、与老师敌对，因此采取消极逃避的心态面对家长，造成长期的冷漠、对立关系，这对孩子都是莫大的损失。相对地，曾有研究显示：如果教师采用一些积极主动的方式与家长互动，孩子在学校学习上也会间接地受益良多。这些方式包括：与家长会面、适时提供辅助器材或资料帮助需要帮助的学生、当孩子在学校有问题时适时告知家长并说明情形等。

家庭教育与学校教育整合之后,家长与教师的互动增多了,这时教师需了解家长的功能是正面的,其功能是减轻教师的负担。教师有学生行为上的问题也可与家长随时讨论,创造双赢的局面。

**教师孤军奋斗 VS. 家长协助**

| 教师孤军奋斗 | 家长协助 |
|---|---|
| 费工夫追踪每位学生 | 帮助教师追踪学生、反馈给教师 |
| 自行制作教材 | 家长协助制作教材 |
| 寻找教学资源 | 自愿提供各项教学资源 |
| 自行筹备班级活动 | 提供人力帮助筹备班级活动 |

其次,教师亦应找出家长愿意参与的因素,有些家长主动,有些则完全被动,以下列出几点供参考:

1. 家长角色上自然的参与:身为父母,认为自己应多关心孩子的学习,因此很单纯的意念要参与孩子的学校学习。

2. 帮助孩子学业进步的信念:越关心孩子的成绩,就越须参与孩子学校的学习,这是这类家长的信念。

3. 受到学校教师及职员热情的感动:许多家长体会到教师对孩子无微不至的照顾,遂愿意主动参与活动。

4. 其他因素:诸如家长在小时候,其父母亦主动参与学校活动、家庭责任心的驱使、家长自身学校教育经验等都是家长参与的动力。

吸引家长主动参与学校的因素:

1. 让家长所具备的知识、技能充分发挥。

2. 提供家长的舒适感:学校人员应主动提供协助,让家长感受学校的温情。

3.让家长更了解关于教育的事务及学校的运作。

4.提供机会给家长,让其在组织中发挥组织、管理、领导角色。

5.提供机会给家长彼此分享经验。

家长参与的外在因素:

1.家庭背景。

2.教育程度。

3.社会背景。

4.家庭和谐度。

**家庭教育与学校教育与补作用**

| | 学校教育 | 家庭教育 |
|---|---|---|
| 教育孩子 | 教育方式为大众化 | 教育方式为个别化 |
| 了解个性 | 教师较难掌握每位学生 | 家长对孩子了解多一些 |
| 道德教育 | 实施全体教育 | 施以个别教育 |
| 教育取向 | 以学业为主 | 以行为为主 |
| 同伴互动 | 多方互动 | 较少互动 |

## 整合后学生测评制度的改变

教师仍是班上主要的测评者,但测评的内容稍微改变,家庭的表现也纳入测评内容,也就是说,借由与孩子一起做作业,家长也被纳入孩子测评的范围中。

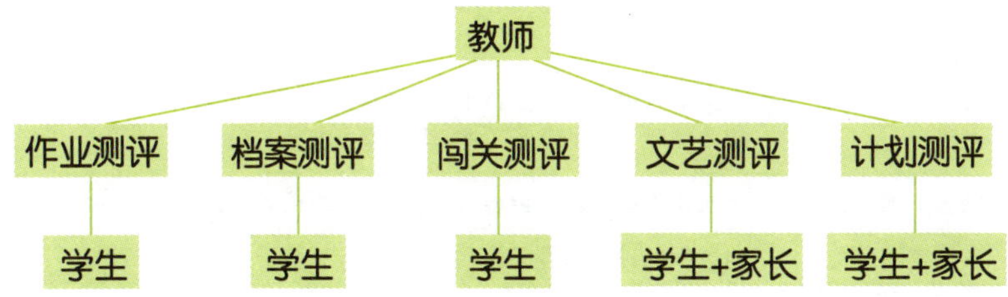


**测评内容解说**

| 项目 | 内容 |
| --- | --- |
| 作业测评 | 学生平常表现、平时作业、笔试等。 |
| 档案测评 | 作品档案、学习档案、资料档案等。 |
| 闯关测评 | 设定学习关卡让孩子以闯关方式测知学习成效。 |
| 文艺测评 | 表演、绘画、歌唱等。 |
| 计划测评 | 口头报告、提出阅读计划、生活计划等。 |

## 家庭教育与学校教育整合执行不当易产生的缺失

若家庭与学校之间没有正面的共识,便容易产生冲突。其实,这些冲突主要源自于家庭没有正确的学校教育观念,只以私利参与学校活动,没有为整班孩子的共同利益着想,便容易产生缺失。

**家庭与学校教育整合执行不当说明**

| 项目 | 说明 |
| --- | --- |
| 落入比较 | 家长之间互相比较,互相竞争。 |
| 权威强势主导 | 有些参与性强的家长相对较有主见,若观念不正确容易左右老师的教学。 |

| 项目 | 说明 |
| --- | --- |
| 要求老师偏心对待 | 有些家长为了让自己孩子的成绩进步，刻意与老师攀关系，希望多照顾自己的孩子一些，让老师为难。 |
| 家长干预教学 | 家长认为老师教学内容有问题，主动纠正老师。 |
| 家长言不及义 | 与老师的讨论内容只偏重私人问题，对孩子毫无实质帮助。 |
| 家长恶意联合攻击老师 | 少数家长对老师有偏见，遂主动联合其他家长攻击老师。 |
| 形成富有家庭取向 | 这类家长提供给班级多项财务支持，遂要求更多有利于自己的权益。 |
| 老师与家长价值观不同 | 由于每个家庭来自不同的背景，对许多事物的看法皆不同，容易产生观念上的冲突。 |

**家长参与学校事务与干预学校事务的区别**

| 家长参与 | 家长干预 |
| --- | --- |
| 家长协助参与课程、活动。 | 家长干扰老师教学，影响学生学习。 |
| 家长协助购买课外书籍，提出适当建议。 | 家长主导书籍采购，喧宾夺主。 |
| 让全班孩子受到更多照顾。 | 只照顾自己的孩子，其他孩子则疏于照顾。 |

## 学校与社区合作 VS. 学校与家庭合作模式

目前一些学校与社区合作已有一段历史，且已步入正轨，因此，有些学校与家庭的合作模式亦可参照与社区合作的模式，且让我们先看目前学校与社区合作模式的特点：

1. 学校整合社区资源，建立教学资源系统。

2. 学校协助倡导相关措施并推广至社区。

3. 社区协助学校充实各项硬件建设。

4. 社区协防学校保安系统。

5. 社区参与学校各项活动。

6. 社区对老师给予尊重。

学校与家庭的初步合作亦可从以上基本概念出发。针对家庭的需求，学校能够提供的协助包括：强化教育技巧、父母沟通技巧及减轻教育上的压力等。有了这些意识就不难理解此合作模式可包括下列几点：

1. 学校开办座谈会，邀请家长前往聆听。

2. 学校开设教育与管理等课程，让家长学习其内涵。

3. 家长协助维护校区安全。

4. 家长支持学校校外活动。

## 经过家庭与学校教育整合之学校的特色

1. 学校与家庭为一体两面，二者团结一致创造学校的口碑。

2. 学生是在一个自由自在、安全无虞的环境中成长的。

3. 学生家长是最好的传声筒，可将学校特色介绍给其他家长，学生自然源源不断。

4. 家长完全了解学校的运作，进而支持学校的各项方针。

5. 家长与教师关系良好，为良性互动的起因。

6. 举办社团活动可邀请学有专长的家长担任指导，如篮球社、烹饪社、计算机社、戏剧社等。

## 经过家庭与学校教育整合之家庭的特色

1. 由于家长直接关心学生的各项行为，亲子关系更加紧密。
2. 与其他家庭相互学习，产生相互砥砺的作用。
3. 由于直接参与学校各项活动，家庭生活更加丰富。
4. 经由接触其他家庭的经验，父母更加客观地对待孩子。
5. 对于事物更加积极主动地关怀，例如关怀弱势同学。

第十二章

# 家庭教育新纪元:家庭与家庭的联结

前一章曾经提到"学生家庭间可进行户外旅行、分组研究、家庭交流、读书会、父母经验交流、互动学习等活动。因此,在横向教育的概念下,学生间的家庭互动便显得特别重要",本章节将再延伸出几个观点来谈。

## 家庭联结的简单概念

家庭的联结就是通过计划的推动,将一个班级大部分的家庭结合起来,互相交流,互相分享,一起与孩子共同成长。

家庭的联结不拘形式,有时可能借着书面资料进行,有时通过电话、网络联系,甚至家长至学校接送孩子时亦能彼此交流。在与其他家庭的互动中学习、分享经验,进而共同成长。

家庭联结的力量不容忽视,在早期的意大利,就有一群家长想要摆脱传统的教育制度,于是集合众人的力量创办了他们想要的雷吉欧学校。

**【观念补充】雷吉欧教学法(Reggio Emilia Approach)的缘起**

雷吉欧并非某个人的名字,而是一个意大利的地名。第二次世界大战后,一群家长、教育家、老师在这个地区合力建立了这所学校,学校没有校长,一切学校制度、学校方针、教学内容、课程设计皆由家长共同讨论、集思广益得来,他们白天都有自己的工作,只能利用晚上集会讨论。

此教学法的特色是让幼儿获得独立思考的技能与开创性自我表达的观念,通过幼儿亲身体验、探讨、观察、游戏的机会,获得适当的学习经验;并启发了一个中心思想:“学习还在继续,它的重要是在过程,而不是结果。”

## 家庭联结的特色

1. 借由家庭间的互联可分享彼此的家庭教育经验,让孩子的教育更加客观。

2. 借由家庭间的相互合作可让较有教育经验的家庭帮助较无经验的家庭,更加落实 No Child Left Behind(没有任何孩子是落后的)这样的目标。

3. 家庭的联结可使家长与孩子的互动更为多元,关系更为亲密。对于孩子的人际智慧与内省智慧有长足的影响,对于家长的道德教育亦能有所增进。

4. 家庭之间形成的社区概念可与学校共同合作,借由彼此互相协助让孩子在充分受到照顾的环境中成长。

5. 借由网络与各项信息科技的联结让家长们不需出门亦能持

续与其他家庭互动,让事业忙碌的家长亦可掌握孩子的学习。

6.教师在家庭联结中更加熟悉每个孩子的特性与家庭的需求,进而依个别特质与需要不断修正教学方式。

## 家庭联结初步计划

美国部分先进地区对于家庭参与的研究蔚为一股风潮,在台湾地区,笔者曾经于中部某小学试行此计划的一部分,成效非凡。以下将此计划简略说明。

| 推展学校 | 中部地区某小学、美国马萨诸塞州萨兰萨通史托小学社区概念 |
| --- | --- |
| 推展对象 | 小学二年级学生(以班级为单位) |

### 第一阶段:“家庭成长记录簿”

在一个班级中,教师准备一个空白资料本,取名为“家庭成长记录簿”,教师先在资料本中放置预先设计好的空白表格,依序由班上的每位学生带回家给家长填写,内容包括家长对孩子的教育方式、家长惩处孩子的方式以及生活中亲子互动点滴经验的分享,抑或对待孩子独特的教育方式等,而孩子在记录簿中亦须书写在家庭中与父母互动中有趣的经验及学校中与同学相处的经验。每个家庭皆依照此步骤书写,同时,此资料本依问题设计之不同分成两次书写,让每个家庭都能读到其他家庭的教育经验,借由依序传递书写,家长们能够提供宝贵的家庭经验,提供其他家庭的参考,达成互相交流的初步目标。

## 第二阶段:作业研究计划

教师将班上学生分组,约四至五人为一组,每一组分配一个研究主题,每一组的学生家庭通过电话联系、E-mail 联系、传真联系或直接以聚会讨论方式分工合作完成此研究。举例来说,若其中一组选择研究蜜蜂的生活,则这组中其中一个家庭便开始搜集蜜蜂的生活资料,另一个家庭则搜集蜜蜂的图片,另外一个家庭则制作 Power Point,最后呈现在班级的期末活动中。

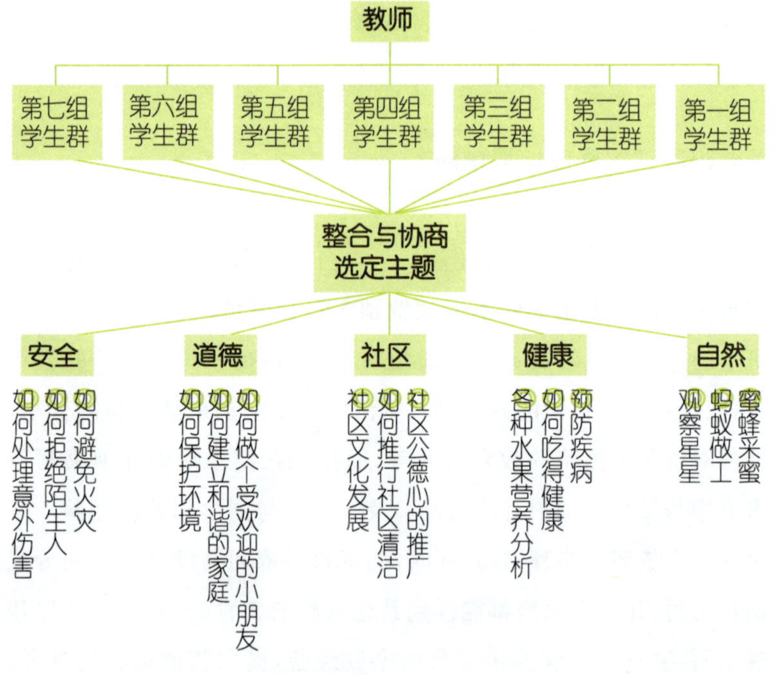


作业研究计划范例

由于一组为四至五个家庭通力合作，每个家庭可事先分配，各司其职，有的可负责搜集资料的工作，有的整理及分析资料，有的制作投影片，若欲进行小组表演，有的还可进行编剧工作。家长可借着网络交流进行联络与讨论，并带领孩子亲身参与每个细节。基本上每组研究计划不外乎以下流程：

## 第三阶段：杰出同学档案

教师搜集班上各方面（学业、品格、美术、体育、领导力）优秀的同学的资料，并请这些学生的父母提供其教育经验、教育观点，甚至有价值的生活经验等放入资料夹中传阅至各个家庭中。此外，教师亦可由报章杂志中搜集有关的教育理念与家长分享。

**家庭联结初步计划三阶段的心理进展**

| 内容 | 心理进展 |
| --- | --- |
| 家庭成长记录簿 | 认识其他家庭，并了解其教育方式，成为自己教育孩子的参考。 |
| 作业研究计划 | 借由团队合作的学习，家庭间更深一层地认识彼此。 |
| 杰出同学档案 | 家长更深一层理解教育孩子的方式，同时借由参考其他优秀学生家庭的经验，对自己教育孩子的方向更加明确。 |

## 家庭联结之中长期计划

1. 家长读书会：借由固定的读书聚会使家长分享心得，增广见闻。

2. 开设假日课程：开设各种实用课程，例如养育技巧、理财、管理等课程。

3. 假日休闲、体育活动：可借用学校或公园场地让亲子共乐，举办竞赛活动。

4. 食物分享聚会：每个家庭做一道菜，让其他家庭一起分享。

5. 集体旅行：事先规划活动，以租游览车方式集体出游，借由旅行的过程让家庭间气氛更融洽。

6. 住他家计划：住他家计划有助于让孩子多方面学习，也多方面学习团体生活。家长间可先行协调孩子如何轮住，利用周末两天一夜进行最佳，一次约5～8位孩子为最佳容量。家长须事先规划，事先采买所需用品、食物等，但以不浪费为原则。同时由于一般住户只有一套卫浴设备，小朋友必须学会彼此容忍，相互礼让，才能顺利享受。

**住他家计划行程内容范例**

| 事项 | 内容 |
|---|---|
| 用餐 | 家长指导用餐礼节。 |
| 做功课 | 家长指导讨论功课。 |
| 就寝 | 家长教导整理床铺、叠被子等。 |
| 影片欣赏 | 选择寓教于乐的影片欣赏，完毕后家长带领讨论内容。 |
| 团体游戏 | 设计家中的团体游戏，如扑克牌、跳棋、象棋等。 |
| 阅读时间 | 准备故事书让孩子各自阅读，再让彼此分享心得。 |

## 家庭联结的测评

最后,测评成效乃是必备的步骤,家长的意见供教师参考,借此检视执行情况,作为老师改进之参考,以期能够日臻完善。

在设计测评表格的过程中,不妨让家长一起参与,除了老师提供意见之外,也让家长提供意见,让测评更具成效。

**家庭联结测评范例**

| 项次 | 问题 | 非常认同 | 认同 | 普通 | 不认同 | 非常不认同 |
|---|---|---|---|---|---|---|
| 1 | 这项计划使我认识了更多的其他家庭。 | | | | | |
| 2 | 借由参考其他家庭的信息使我学习到更多家庭教育的技巧。 | | | | | |
| 3 | 借着采用其他家庭教育经验,使我能够带领孩子提升他(她)的功课。 | | | | | |
| 4 | 借着吸收其他家庭的经验,对于教育孩子,我变得较有自信。 | | | | | |
| 5 | 借由家庭的联结,让我更愿意与其他家庭一起参与班级及学校的活动。 | | | | | |
| 6 | 这项计划能够增进我与孩子的亲子关系。 | | | | | |
| 7 | “家庭的联结”能够让全家生活更加充实,又能够了解其他家庭的生活状况。 | | | | | |

| 项次 | 问题 | 非常认同 | 认同 | 普通 | 不认同 | 非常不认同 |
|---|---|---|---|---|---|---|
| 8 | “家庭的联结”能够帮助我及孩子拓展人际关系。 | | | | | |
| 9 | 在未来我愿意继续接受“家庭的联结”一连串的实施计划。 | | | | | |
| 10 | 如果其他家庭的孩子有学习障碍，而我正好有能力帮忙，我会乐意帮助其他家庭的孩子。 | | | | | |
| 其他意见： | | | | | | |
| 教师给家庭的建议： | | | | | | |
| 测评家长给本家长的建议： | | | | | | |
| | | | | | | |
| | | | | | | |

## 家庭联结中教师的角色

在家庭联结计划执行的过程中，教师到底扮演什么角色呢？教师是扮演协助与服务的角色，提供咨询与沟通的渠道。一开始教师便应对家长充分说明本计划的目的、方式，让家长能够充分明白，同时亦能了解这样的计划对整个班级的气氛及孩子的学习与发展有长期正面的影响。

教师亦必须能够精确掌控资料簿的流向、传序时间的控制等，一位有能力的教师能够在预计的时间内完成全部资料簿的传递,针对每位有可能会拖延的家长都能完全掌握并事先沟通。同时,借着资料簿的流传,教师也应借此机会传播“良善的”、“启发性的”以及“教育的”信息,将之灌输进每个家庭,如同前述所提“杰出同学档案”的执行计划。

对于所有的家庭联结方案,都需要校方的指引,否则便容易失真、失纯、失去方向,而校方中该班老师最适合担任指引的角色。一位新任的教师应该先接受训练,学习关于解决家庭问题、提供父母咨询的基础知识。

**教师针对家长参与及家庭联结的训练课程范例**

| 项次 | 内容 |
| --- | --- |
| 1 | 学习与家庭之间沟通和咨询的过程。 |
| 2 | 学习如何指引家庭参与学校活动的内容。 |
| 3 | 学习如何适应不同背景的家庭,如具备语言差异、经济差异、文化差异、政治差异等的家庭。 |
| 4 | 学习解决家庭内部争端或家庭与家庭间冲突的技巧。 |
| 5 | 学习如何指引家庭在家中带领孩子学习,例如阅读、写作等。 |

当家庭的联结进入轨道时,例如进入中长期的过程,教师便不需劳心劳力紧随在旁,可让家庭之间自行发展联结,教师只需扮演辅助的角色,如此不但可减轻教师的负担,还可借力使力,让家庭联结成为教师最坚强的后盾。

关于家庭联结的计划,目前的资料较少,教师不妨由以下渠道进行搜集。

1. 网络搜集:输入“家长参与”、“亲师合作”、“亲职教育”等关键词搜寻,可发现许多实用的范例。

2. 大学设立的专业发展中心：如师范大学、暨南大学、嘉义大学之家庭教育中心。

3. 国外网站研究中心：输入“parental involvement”或“family involvement”，即有许多大学附属之研究中心或私人机构的研究中心供参考。

4. 参考论文、期刊。

## 借由家庭的联结可达到的效果

### 充分支持班级活动

借由家庭联结的力量可让班级各项事务的发展更加顺利，例如人力支持、财务支持、资源供应等，使教师更能在教学上发挥所长，让学生受益。

### 以客观角度对学校提出建议与支持

除了财务支持之外，家庭联结聚合起来的力量可使学校多所成长，例如改善学校硬件设施、提出交通建议或活动建议等。

### 从事社区公益性活动

班上全体家庭由家长带着孩子从事社区服务，如社区清洁、社区绿化、拜访仁爱之家、老人院等,同时此类活动亦可结合家庭活动,例如从事完社区清洁绿化工作之后,可进行轻松的野餐活动,既可联络彼此感情,又可进行机会教育。

## 家长态度转趋积极

家长对于学校的参与可分为积极与消极两种,积极的参与为主动帮忙学校及班级事务,消极的为接受来自学校的信息,或接待学校老师的家访等。借着家庭的联结,从不参与的家长会逐渐感受到两股压力。一是孩子催促的压力,当孩子看到其他家长努力参与各项活动时,他们亦会希望自己的父母同样能够参与。另一为内部的压力,当父母感受到自己的家庭以及孩子皆因家庭的联结活动受益时,如孩子接受其他家庭的功课辅导或者增进了人际关系等,这样的良性循环使他们也能以回馈的心情热情参与。

## 以家庭联结强化在家授课及入学在家教育的功能

在家授课的方案在外国推展许久,意即孩子留在家中由家长直接授课,此种方式让家长能够针对孩子的个别需求进行教育,进度可快可慢;入学在家教育与在家授课方案相似,不同的是孩子必须固定时间回学校接受测验,以测知学习情况,若发觉成绩明显落后,则须重新评估是否回学校上课。或者,父母也可只选择其中自己擅长的科目在家教授,其余科目让孩子在学校学习。

**【观念补充】入学在家教育方案在台湾施行的可能性**

在提倡优质教育的现代社会，许多父母越来越重视孩子的教育，同时，面对多元的环境，许多学校教育已越来越无法配合因材施教的精神。因此，只要政策松绑，并制定一套审核标准，笔者认为，入学在家教育在台湾是值得推广的方案。具有以下优点：

1. 落实因材施教的精神：家长可完全为孩子量身订制课程，根据孩子的吸收程度调整教学速度。

2. 学习领域更有弹性：家长可随时因时因地带领孩子学习，图书馆、美术馆、科技馆都是良好的学习空间。

3. 减轻家长疑虑：许多教育上的问题在于家长不信任学校的教育方式，此方案可以让有能力的父母发挥，让孩子享受无虞的环境。

4. 有效掌握孩子的行为：家长可掌控孩子的网络使用问题、交友问题等，发现问题立即改善。

5. 减轻目前学校大班级老师负荷过重的问题：台湾地小人稠，在小学里平均一个班级人数为35人左右，虽然政府积极实施降低班级人数的措施，但与美国一个班级为25人左右相较，仍然嫌多，若能实施此方案，便可减轻教师负担，提升教学质量。

6. 随时接受学校监测：入学在家教育仍属于学校的学籍，学校仍有责任监督孩子的学业，发挥亡羊补牢之效。

唯应担忧的是台湾“补风”旺盛，许多家长为了竞争，干脆直接让孩子从早到晚泡在补习班，这便失去了入学在家教育的美意。

综观这两项方案，孩子缺乏团体生活的经验是一个主要的问题,当然重视群育培养的家长仍可以带领孩子以多元方式培养人际关系,例如参与社交场合或在家实施道德教育,但这毕竟是少数,许多父母仍着重在主科的教学,忽略了此方面的教育。因此,借着家庭联结或许可改善此一情形,利用网络将在家授课的家庭串联,也可以达到经验分享及孩子的互动等目的。

## 更强化了孩子的舒适感

如果孩子的学习获得了来自于学校、老师甚至于班上所有家庭全方面的支持,他就对学习不再恐惧。班上的同学以及家长都是他的良师益友,并且,有了家长从中协助与辅导,孩子与其他孩子的互动更为多元。当孩子在学校这一场所领受到与家庭一样的熟悉与温暖时,他就能将学习障碍降至最低。试想,他每天都迫不及待想要与学校的老师、同学见面,学习动机也会相对增强。

**家庭联结与传统教育中的家长与孩子之比较**

| 传统学校教育制度 | | 家庭联结教育制度 | |
|---|---|---|---|
| 家长 | 孩子 | 家长 | 孩子 |
| 1. 无从获取他人经验。<br>2. 教育孩子较主观。<br>3. 视情况参与学校活动。 | 1. 被动上学。<br>2. 处理事物较主观。<br>3. 视野局限于个人生活经验。 | 1. 交流教育经验。<br>2. 教育孩子较客观。<br>3. 较主动参与学校活动。<br>4. 亲子关系较佳。 | 1. 较主动上学。<br>2. 处理事物较客观。<br>3. 与其他家庭交流,视野较宽广。 |

## 成绩跟不上的孩子的家庭补救措施

许多因素并非孩子学不会，而是父母过于忙碌、亲子互动不足，造成孩子学习兴趣低落，抑或父母知识不足，无法带领孩子在家学习。这时借由家庭的联结，有能力的家庭适时伸出援手，帮助在知识学习上弱势的家庭(这样的家庭可能涵盖低收入家庭、父母离异家庭或者父母知识水平较低的家庭)，让整班的素质提升。

可采取的补救方式：

1. 设立中心家庭辅导制度：由中心家庭(或班级召集人)掌控班级中有哪些学习成绩较落后的孩子，并进行沟通、了解。

2. 设立小组长制度：由楷模家庭带领学习较落后的孩子。

3. 强化同伴协助制度：由程度较好的孩子辅导程度较差的孩子。

4. 假日辅导制度：开设假日班、假日课程，以异于课堂上正规形式的较为活泼的方式授课。

## 对人际智慧与内省智慧的影响

经由家庭的互联，对于孩子来说，不仅仅认识了其他家庭的成员，同时也学习到了其他家庭的文化、生活等经验，这样的过程让孩子的同伴观逐渐延伸至长辈观。就像一个家庭的孩子待人彬彬有礼、举止合宜绝不只是父母将孩子关在家里口头教导即可，而是必须给孩子一个与人交流、与人沟通的机会。在与长辈的互动中孩子也产生了除父母灌输给自己以外的其他观点，这可以让孩子的想法更为多元，不再只拘泥于小框架，也可增进孩子解决问题的能力，并以更客观的想法解决问题。

**社区融入 VS. 家庭融入 VS. 家庭联结特色比较**

| | 家庭融入 | 社区融入 | 家庭联结 |
|---|---|---|---|
| 特色 | 家长直接参与孩子学校的活动与学习。 | 通过组织或群聚的力量协助学校发展与学生学习。 | 借由班级中全体家庭的横向串联协助孩子的发展与学习。 |
| 着力点 | 针对班级本身 | 针对学校整体 | 针对班级本身 |
| 对教师的影响 | 可减轻教师负担，但须一一推动。 | 教师可间接受益。 | 若有完善组织，可减轻教师负担。 |
| 对学校的影响 | 主要为个别影响。 | 有让学校更积极、更适切、更有目标的功能。 | 可对学校提供直接而有力的支持与建议。 |
| 对父母的影响 | 只针对自己孩子的教育直接参与。 | 借助观察社区与学校的互动起而效尤。 | 借由联结，父母能学习到其他家庭经验，进而提升自己。 |
| 对学生的影响 | 家长积极参与可促进孩子学业上的进步。 | 多为间接影响，例如社区改善了学校硬件，方便了学生。 | 学习较为多元，获得多向鼓励，同时可发展人际智慧与内省智慧。 |
| 执行程度难易 | 较为单纯化，视家长个别意愿而定。 | 视是否有强化的组织机构而定。 | 牵涉范围较复杂，班上的全体家庭须先建立共识。 |

## 家庭联结困难的原因

我们不难发现许多成人的组织，如网球俱乐部、狮子会、扶轮社，甚至一些公益、慈善、宗教团体等能够持续维持的原因，在于结合了一群人共同的兴趣、喜好、理想或目标。也就是说，这样共同的中心思想，将一个团体的每一分子紧紧扣在一起，如果除去这一份共同的思想，则此团体便失去了存在的意义。

而家庭的联结目前对于家长来说，建立一种对于整班孩子关怀的理想似乎较难，一般的观念仍停留在只要不是我家的孩子就完全与我无关上，不管其他的孩子是否为隔壁邻居的孩子、对街的孩子、孩子班上的同学抑或孩子的同校同学。而事实上在许多情形下其他家庭的孩子可能都与自己或者自己的孩子息息相关，他们可能在你意想不到的紧急情况下伸出援手帮助你或你的孩子。在国外许多地区成立了完善的社区服务机构，内容涵盖广泛，反观社区意识较为薄弱的国内，我们应好好加强此方面的措施。

另一方面，目前国内与国外的资料显示，家庭的联结计划对于孩子的学业成绩提升尚未达到预期的效果，但对于人际关系及内省智慧却有明显的提升，这对于大部分偏重孩子学业成绩的父母来说很难引起他们的兴趣。同时，国内许多家庭仍趋于保守，如果没有经过良好的沟通，在这样的联结下，家庭间容易流于比较，社会经济地位强势的家庭压过弱势家庭，造成彼此的隔阂，这样现实的因素只应在大人的游戏规则里存在。

再者，许多家长工作实在繁忙，虽有网络系统的便利，但仍有其缺点：若没开机便无法联络，或者例如建立一个网站，若这网站不时常维护或更新信息，便无法吸引人们的注意，久而久之从一日上网改为两日，再改为五日，最后遂完全遗忘。

**【观念补充】传统迷思及破除观点**

1. 目前社会上“自扫门前雪”的观念仍深,认为别人家小孩的任何行为皆与我无关,殊不知其实大大有关系,试想如果这个孩子有严重偏差行为(如暴力、偷窃、说谎等),在同一班级朝夕相处下能完全不影响自家小孩吗?

2. “见不得别人好”的观念:父母可能想,要是把他人的小孩教得比自己孩子聪明,那还得了。其实应谨记一个道理:有竞争才有压力,有压力才能进步。父母不妨放开胸襟,您展现的气度同时也能影响孩子的气度。

3. 信任感不足:不相信其他家长,认为其他家长对自己的孩子一点帮助都没有,但您应知道,他人教育孩子的经验往往是自己所欠缺的部分,这时正好可以弥补自己的不足,况且孩子大部分时间仍是与您相处,孩子大部分的影响还是来自于父母。

4. 自信心不足:父母可能担心这担心那,深怕无法将他人的孩子教好,但事实上借由自己教育孩子的经验,也都会是教育其他孩子的基础。

## 对于家庭联结的具体建议

1. 在学校中设立一个常设机构,支援各班级有关家庭联结的计划。

2. 在班级选出深孚众望的领导家庭:任何一个团体都需要有一个认真负责的领导者,如果领导者能够在班级上发挥领导所长,整班的家庭必可凝聚相当大的力量。

3. 成立“妈妈服务团”：可由热心妈妈组成一个团体支持班上活动，例如班上举办活动时，妈妈们可提供点心、食物，或者负责布置、张贴海报等。

## 未来目标

### 设立学校社区发展服务中心

此服务中心旨在充当学校与家庭的中间协调者，其功能已于前章(家庭教育与学校教育的整合)论述，不再赘述。成员可由学校至少一位教职员与家长组成，而身为协调者应具备以下条件：

1. 掌握各种家庭动态。

2. 良好的态度。

3. 良好的沟通协调能力。

4. 执行计划的效率：有些计划依赖时效的达成，这样的计划永远不等人，若拖延将前功尽弃，例如资料档案的传递，因此，掌握时效的观念不可或缺。

### 班级中可设置家长中心

各种家庭资料簿互相交流，互相分享，并选出领导家庭，每月至少举行一次活动，此中心可由家长自动自发参与，教师不必过于参与，只要从旁辅助即可。

## 固定时间主题聚会

举个例子,美国马萨诸塞州萨兰萨通史托小学某班便已设立此中心多时,每周五晚上8时至10时是固定聚会时间,地点选在不同的家庭中举行,每周固定一个主题,如影片欣赏、读书会、故事时间等,或者主题式分享,由某一或某些家庭事前准备欲分享的主题,例如提供适合孩子学习的机构(家长事前搜集这些机构的资料)、提供适合亲子共游的旅游地等资讯,或提供最值得推荐的一本书等,假日时亦自行组成棒球队,并有属于本班家庭间自己的T-Shirt。借着家庭间不断的交流与共享经验,大人与小孩都获得了成长。

## 对于融合教育(Inclusion)的班级提供更好的互动模式

所谓融合教育,即所谓一个正常班级内融入了一至多个身心障碍的孩子,这样对班级有何影响呢?根据美国的研究,这样的班级有几种特性:

1. 班级的孩子较为团结,并富有同情心。

2. 班级的孩子较懂得照顾他人,并具备包容心。

3. 这些身心障碍的孩子其心理的发展较为健全,较能与一般人沟通。

而对于家中有身心障碍孩子的家长来说,无不希望孩子在学校中能受到充分照顾,并且也尽量过与常人同样的生活。这时,班上同学便扮演着重要角色，而班上其他同学的父母若亦能适时地给予这些家长以协助，对于这样的弱势家庭无疑是巨大的帮助。而借着家庭的联结，一般的家庭亦能获取这样特殊家庭的宝贵经验，并互相交流，互相分享。

## 研究改进方案

家庭的联结在国内外皆属于新的教育方案，因此仍有许多研究的空间，针对目前的实施状况，有下列题目可再研究：

1. 提升学生学业上长足的进步。

2. 借着家庭联结帮助学校整体发展。

3. 减轻教师负担。

4. 除了班级家庭的联结，孩子其他社交圈家庭的联结，例如社团、棒球队等家庭联结是否有另外的功能。

另外，美国教育学家 Sheldon 建议可将班级的家庭分成几组，每组为 4～5 个家庭，如此互动较为简单容易，重质不重量，又能熟悉彼此，就近照顾，对于孩子的发展有长足的进步。但笔者也认为，教师不应刻意将班上学生依社会经济地位分组，避免形成小圈子，分组后笔者建议固定一段时间（如一学期）后，再重新分组，以增加彼此认识的机会。

## 对离婚或分居家庭孩子的帮助

无论父母分居、离婚还是酗酒而使孩子遭受到暴力对待，对于孩子来说都是无辜的，借着家庭的联结应让无助的孩子再站起来，享有与正常家庭一样的照顾，同时希望借助家庭联结方案的延伸帮助这样的父母。

## 帮助孩子多元发展

借助家庭的联结，家长间可共同讨论每个孩子的特性，进而协助适性发展，例如有些孩子对于某项体育活动有相当的天分，或者某位孩子有特殊的音乐才能，家庭间应协助提供良好环境让孩子获得良好教育。

附录

# 评估测试

## 测试一　测试孩子的左右脑取向

**【方法解说】**

1. 根据表格内的问题，若有此倾向则在后头打“√”。

2. 全部作答完毕后，计算每一类的总分，分数较高的那一类即属于该类型的脑型。

3. 大多数属于左右脑并用，而无明显差别。

### 左脑型指标

| 项次 | 内容 | 勾选 |
| --- | --- | --- |
| 1 | 对于事情能够很快下决定。 | |
| 2 | 测验时喜欢选择题、是非题胜过于问答题。 | |
| 3 | 对于时间观念较为注重。 | |
| 4 | 能够运用逻辑思考分析解决问题。 | |
| 5 | 如果遇到问题，会依循步骤一步一步地解决。 | |

| 项次 | 内容 | 勾选 |
| --- | --- | --- |
| 6 | 一次思考一件事，并一次只做一件事。 | |
| 7 | 在想事情或学习知识时，有时会自言自语来提高学习效果。 | |
| 8 | 做事情很有计划，且能规划时程、完成日期等。 | |
| 9 | 能够很快地找到需要的资料。 | |
| 10 | 较容易专心于某件事。 | |
| 11 | 较能够记住事情细微的部分。 | |
| 12 | 对于一项技巧能够不断地练习，直到熟练为止。 | |
| 13 | 对于物品的使用，能够说出或列出一些规则。 | |
| 14 | 较有规律地生活作息。 | |
| 15 | 对数学观念较为清晰。 | |
| 合计 | | |

## 右脑型指标

| 项次 | 内容 | 勾选 |
| --- | --- | --- |
| 1 | 不喜欢规范性的指示，如阅读各种规章等。 | |
| 2 | 喜欢动手做，借由亲自动手学习新事物。 | |
| 3 | 脑部常显现图案，借此记住事情。 | |
| 4 | 常会随性、毫无计划地依直觉做一些事情。 | |
| 5 | 常有天马行空的想法。 | |
| 6 | 常有新点子出现。 | |
| 7 | 能够轻易地哼出曲调。 | |
| 8 | 各种感情，如喜、怒、哀、乐容易显现于外。 | |
| 9 | 与他人相处时，能够感受到他人的想法及心情。 | |
| 10 | 在课堂上较能注意到全班整体的反应。 | |
| 11 | 玩拼图时较能先看到全貌。 | |

| 项次 | 内容 | 勾选 |
| --- | --- | --- |
| 12 | 比较事物时，看到的相似点比相异点多。 | |
| 13 | 第一次见面时，较易记住面貌，而不易记住名字。 | |
| 14 | 学习读诗、写诗较感兴趣。 | |
| 15 | 喜欢开放式的作业，较不喜欢有复杂规则的作业。 | |
| 合计 | | |

## 测试二　了解您孩子的多元智力

加德纳博士对于多元智力曾提出几点看法：

1. 每个孩子都有至少一种主要的智力天赋。

2. 所有的多元智力都可借由后天养成，或更强化、发达。

3. 各种多元智力并非单独存在，而是相互交流、相互影响着，例如完成某件事往往是借由许多智力的作用合力完成。

**【方法解说】**

1. 根据每一项的内容观察孩子的取向。

2. 若有极大的倾向，则在“3”的栏位打“√”；经常有此倾向，则在“2”的栏位打“√”；若只有较少的倾向，则在“1”的栏位打“√”；若完全无此倾向，则在“0”的栏位打“√”。

3. 每一种智力回答完毕后计算总分，分数较高的种类显示您的孩子现阶段此项智力的表现较为显著。

## 语文智力

| 项次 | 内容 | 3 | 2 | 1 | 0 |
|---|---|---|---|---|---|
| 1 | 喜欢阅读各个种类的书籍。 | | | | |
| 2 | 对一件事情或书籍内容可以很清楚地表达。 | | | | |
| 3 | 喜欢模仿他人说话和举止等。 | | | | |
| 4 | 与您一起外出时，对于街上的文字充满好奇心。 | | | | |
| 5 | 对于生字的学习相当快速。 | | | | |
| 6 | 喜欢写东写西，例如写诗、写作文、写日记等。 | | | | |
| 7 | 看电视或听收音机时较喜欢选择谈话类的节目。 | | | | |
| 8 | 喜欢为他人解说事物的内容，例如使用说明书等。 | | | | |
| 合计 | | | | | |

## 数理智力

| 项次 | 内容 | 3 | 2 | 1 | 0 |
|---|---|---|---|---|---|
| 1 | 脑袋里能够记住许多数字。 | | | | |
| 2 | 喜欢玩象棋、跳棋、围棋等游戏。 | | | | |
| 3 | 懂得用推理的方式说明或分析事情。 | | | | |
| 4 | 很清楚地知道自己有哪些玩具，种类及数量皆能记在脑海里。 | | | | |
| 5 | 喜欢动手测量家中物品或摆设，包括重量、长度、体积等。 | | | | |
| 6 | 比别人容易找出事情的错误，尤其是针对逻辑性错误或因果的错误等。 | | | | |
| 7 | 能够很快将组合性玩具如积木、拼图等组合完毕。 | | | | |
| 8 | 懂得运用技巧整理玩具，如由大而小、分门别类等。 | | | | |
| 合计 | | | | | |

**音乐智力**

| 项次 | 内容 | 3 | 2 | 1 | 0 |
| --- | --- | --- | --- | --- | --- |
| 1 | 喜欢吹奏乐器。 | | | | |
| 2 | 能够辨别音调高低、节奏快慢等。 | | | | |
| 3 | 当听到熟悉的音乐时整个人似乎手舞足蹈起来。 | | | | |
| 4 | 对于难度较高的歌曲或音乐都能演唱得很好。 | | | | |
| 5 | 对于各种音乐符号感兴趣并愿意学习。 | | | | |
| 6 | 听完一首曲子之后能够很快记住大部分并哼唱出来。 | | | | |
| 7 | 在家中做自己的事时不自觉地喜欢哼唱。 | | | | |
| 8 | 喜欢将音乐运用于其他的活动，如演讲、戏剧表演等。 | | | | |
| 合计 | | | | | |

**人际智力**

| 项次 | 内容 | 3 | 2 | 1 | 0 |
| --- | --- | --- | --- | --- | --- |
| 1 | 喜欢主动帮助他人解决问题。 | | | | |
| 2 | 喜欢接近人群，喜欢热闹。 | | | | |
| 3 | 喜欢参加团体活动，与他人互动良好。 | | | | |
| 4 | 遇到问题较易采取寻求他人协助的方式，而非单独解决。 | | | | |
| 5 | 在团队中常成为受他人欢迎的对象。 | | | | |
| 6 | 当别人有争端时，擅长扮演协调者的角色。 | | | | |
| 7 | 较喜欢参加团体性的运动，如羽毛球、棒球等。 | | | | |
| 8 | 至少有三位相当要好的朋友。 | | | | |
| 合计 | | | | | |

## 自知智力

| 项次 | 内容 | 3 | 2 | 1 | 0 |
|---|---|---|---|---|---|
| 1 | 较喜欢单独一人工作或玩耍。 | | | | |
| 2 | 较为沉默，但有时可以提出很好的建议或见解。 | | | | |
| 3 | 不喜欢嘈杂的环境，喜欢静静一个人想事情。 | | | | |
| 4 | 会自己设定一个目标，然后积极地想要完成它。 | | | | |
| 5 | 能够不间断写日记记下每天发生的事情。 | | | | |
| 6 | 能清楚知道自己的长处与短处在哪里。 | | | | |
| 7 | 懂得反省自己，并告诉自己不再犯同样的错。 | | | | |
| 8 | 能够自己享受在自己的兴趣上，不受干扰。 | | | | |
| 合计 | | | | | |

## 体能智力

| 项次 | 内容 | 3 | 2 | 1 | 0 |
|---|---|---|---|---|---|
| 1 | 喜欢至少一项运动，并能够持续练习。 | | | | |
| 2 | 喜欢动手实践学到的知识。 | | | | |
| 3 | 较无法长时间坐着做一件事。 | | | | |
| 4 | 喜欢户外运动。 | | | | |
| 5 | 有冒险精神，凡事都喜欢尝试。 | | | | |
| 6 | 擅长手工艺，如捏陶、针织、雕刻等。 | | | | |
| 7 | 有良好的平衡感、灵巧的四肢。 | | | | |
| 8 | 充满活力，与人沟通时常加上肢体语言。 | | | | |
| 合计 | | | | | |

**空间智力**

| 项次 | 内容 | 3 | 2 | 1 | 0 |
|---|---|---|---|---|---|
| 1 | 喜欢随手涂涂写写。 | | | | |
| 2 | 具有方向感,能够很快辨别自己所在的位置。 | | | | |
| 3 | 对于色彩具有敏锐的觉察力。 | | | | |
| 4 | 喜欢使用图表、图片表达事物。 | | | | |
| 5 | 对于空间摆设、室内设计具有独到见解。 | | | | |
| 6 | 喜欢三维空间的游戏,如积木、七巧板等。 | | | | |
| 7 | 喜欢使用地图、指南针。 | | | | |
| 8 | 搜集相片、图画,并能够整理成很精美的相簿。 | | | | |
| 合计 | | | | | |

**自然观察智力**

| 项次 | 内容 | 3 | 2 | 1 | 0 |
|---|---|---|---|---|---|
| 1 | 对自然现象有高度的兴趣,如闪电、日食等。 | | | | |
| 2 | 喜欢与动植物接触。 | | | | |
| 3 | 喜欢搜集石头、叶子、动物标本等自然物品。 | | | | |
| 4 | 对于环保的观念相当重视。 | | | | |
| 5 | 喜欢观察动植物生长的过程,并会寻找资料更进一步了解与研究。 | | | | |
| 6 | 喜欢接触大自然的活动,如爬山、步行、赏鸟等。 | | | | |
| 7 | 在家中喜欢修剪花木,细心照顾。 | | | | |
| 8 | 能够细细体察细微的自然物,如树叶的纹路、花瓣的形状等。 | | | | |
| 合计 | | | | | |

## 测试三　测测您孩子的自信心有多少

**【方法解说】**

1. 根据每一项的内容观察孩子的表现，选择最适当的可能性。

2. 若有极大的可能，则在"3"的栏位打"√"；经常有此可能，则在"2"的栏位打"√"；若只有较少的可能，则在"1"的栏位打"√"；若完全无此可能性，则在"0"的栏位打"√"。

3. 作答完毕后计算总分。

**自信心指数测验**

| 项次 | 内容 | 3 | 2 | 1 | 0 |
|---|---|---|---|---|---|
| 1 | 做事情总是不怕羞、不怕责备。 | | | | |
| 2 | 做事不怕犯错。 | | | | |
| 3 | 常保持快乐的心情。 | | | | |
| 4 | 独立，较少依赖父母或师长。 | | | | |
| 5 | 不会刻意与其他同学比较，不会因比较而影响心情。 | | | | |
| 6 | 不会刻意展现自己，希望引起别人注意。 | | | | |
| 7 | 遇到沮丧的事情很快就忘掉，不会刻意放在心里。 | | | | |
| 8 | 喜欢自己的各种行为，满意自己的各种表现。 | | | | |
| 9 | 在一个陌生环境中能够很快与其他孩子打成一片。 | | | | |
| 10 | 能够很清楚地知道自己的想法是什么、喜欢什么与不喜欢什么。 | | | | |
| 11 | 当别人批评时能够虚心受教，并且化为改进的动力。 | | | | |
| 12 | 当别人表现得比自己好时，能够衷心地赞美对方。 | | | | |

| 项次 | 内容 | 3 | 2 | 1 | 0 |
|---|---|---|---|---|---|
| 13 | 不会常感觉必须去取悦他人。 | | | | |
| 14 | 对自己很诚实，不担心他人看见自己的缺点。 | | | | |
| 15 | 对别人很友善、很体贴，也很慷慨。 | | | | |
| 16 | 不会因为别人的批评而与人恶言相向。 | | | | |
| 17 | 对于独处也会乐在其中。 | | | | |
| 18 | 不为了受到别人的赞美而去做一件自己不喜欢的事。 | | | | |
| 19 | 接受别人赞美时不会觉得受之有愧。 | | | | |
| 20 | 不会刻意要求自己表现得很好。 | | | | |
| 合计 | | | | | |

**【评析】**

52～60分　高度的自信心，可给孩子最大的掌声。

43～51分　良好的自信心。

36～42分　自信心需再加强。

低于35分　自信心严重不足，父母应多加关心。

**图书在版编目(CIP)数据**

没有孩子不好教:多元式家庭教育80招/林文敬著.—北京:中国人民大学出版社,2011.6

ISBN 978-7-300-13952-4

Ⅰ.①没… Ⅱ.①林… Ⅲ.①儿童教育:家庭教育 Ⅳ.①G78

中国版本图书馆CIP数据核字(2011)第122464号

朗朗書房

long-long Book House

**没有孩子不好教**——多元式家庭教育80招

林文敬 著

Meiyou Haizi Buhaojiao

---

| | | | |
|---|---|---|---|
| **出版发行** | 中国人民大学出版社 | | |
| **社　　址** | 北京中关村大街31号 | **邮政编码** | 100080 |
| **电　　话** | 发行热线:010－51502011<br>编辑热线:010－51502017 | | |
| **网　　址** | http://www.longlongbook.com(朗朗书房网)<br>http://www.crup.com.cn(人大出版社网)<br>http://www.ttrnet.com(人大教研网) | | |
| **经　　销** | 新华书店 | | |
| **印　　刷** | 三河市嘉科万达彩色印刷有限公司 | | |
| **规　　格** | 146 mm×210 mm　32开本 | **版　　次** | 2012年5月第1版 |
| **印　　张** | 7.75　插页2 | **印　　次** | 2012年5月第1次印刷 |
| **字　　数** | 130 000 | **定　　价** | 26.80元 |

---